吕志勇◎著

读史衡世·名相篇

建汉首功 萧何

华中科技大学出版社
http://press.hust.edu.cn
中国·武汉

图书在版编目（CIP）数据

建汉首功：萧何 / 吕志勇著 . -- 武汉：华中科技大学出版社，2023.7

ISBN 978-7-5680-9707-9

Ⅰ.①建… Ⅱ.①吕… Ⅲ.①萧何（？-前193）-传记 Ⅳ.①K825.2

中国国家版本馆 CIP 数据核字（2023）第 118295 号

建汉首功：萧何
Jianhan Shougong: Xiao He

吕志勇　著

策划编辑：亢博剑

责任编辑：程　琼

责任校对：刘　竣

装帧设计：VIOLET

版式设计：王志利

出版发行：华中科技大学出版社（中国·武汉）　　电话：（027）81321913

武汉市东湖新技术开发区华工科技园　　邮编：430223

印　　刷：天津中印联印务有限公司

开　　本：880mm×1230mm　1/32

印　　张：8.5

字　　数：190 千字

版　　次：2023 年 7 月第 1 版第 1 次印刷

定　　价：49.80 元

前言

西汉开国，论功行赏，群臣争锋，最终推定，萧何第一。盖棺定论后，司马迁赞："淮阴、黥布等皆以诛灭，而何之勋烂焉。"此言中肯。观萧何一生，始为秦朝刀笔吏，碌碌而不没奇志，随刘邦起义后，虽无攻城略地之功，但不废王佐之才，克己勤勉，鞠躬尽瘁，奠定汉朝基业，终成一代名相。

今天，当我们重新审视这位"建汉第一功臣"，追寻其足迹，还原当年的历史，便能看到秦末风云中，萧何、刘邦等人如何脱颖而出；萧何如何怀抱匡扶之志，辅佐刘邦定鼎天下，兴邦建国；功成之后，萧何在复杂的宫廷政治之中又如何立身，以得善终。

萧何生于战国末期，在他青少年时期，秦已横扫六国，一统天下，但硝烟并未完全散去，秦的苛政加剧了社会矛盾。百姓受"凡有血气，皆有争心"的思想驱使，看似平静的强秦统治下，实则是暗流涌动。

尽管身处乱世，但萧何出身富家，并以"文无害"被优擢为沛县主吏掾，如果仅仅为了生存，或者受小富即安思想支配，那么他做个衣食无忧的秦吏足矣。但萧何不甘心永远做大秦暴政的忠实走卒，他以敏锐的眼光准确判断出时局的走向，积极谋划，蓄势待发。

机会总是留给有准备的人，这句话也应验在了青年萧何身上。他利用职务之便，团结曹参、夏侯婴、周勃等县衙好友，又聚拢樊哙、卢绾等江湖侠客，组建了以刘邦为首的"沛县军团"原始班底，在风起云涌的反秦起义中独树一帜。

青年时的萧何主动放弃富裕生活，参加反秦起义，并非为了个人利益，而是顺应历史潮流所做出的呼应，意在击碎乱世，重建新天地。

一路奋斗，攻入咸阳，是萧何人生的一个重要分水岭。

对于素有抱负的萧何来说，他没有被胜利冲昏头脑，而是以时不我待的紧迫意识，激励出千钧重担压在身的责任感。当沛县军团暴露出贪图安逸、追求纸醉金迷的本性，将领忙着抢占府库良马、瓜分金饰珠宝，刘邦也霸占王宫、恋恋不舍的时候，萧何却独具慧眼，"独先入，收秦丞相御史律令图书藏之"。这种高屋建瓴的远见卓识，已经完全超越了农民起义军的见识，为建立新的王朝夯实了基础。在楚汉战争及汉朝初创的艰难时期，刘邦之所以能够对天下大势了如指掌，有赖于萧何及时收藏的秦朝律令、史料。

刘邦受项羽打压，被分封到汉中、巴蜀以后，事业和心情都陷入低潮期。萧何却稳扎稳打，不厌巨细，将汉中和巴蜀之地经营得有声有色、井井有条，为还兵三秦、进取天下做了充足的准备。此举不免让人联想到后世鞠躬尽瘁的诸葛亮，诸葛亮在蜀汉建立后苦心经营，鞠躬尽瘁，死而后已。萧何又何尝不是如此。正是从这时起，萧何开始真正发挥出其王佐之才。

萧何的未雨绸缪，赢得了刘邦的赏识和信任。"汉二年，汉王与诸侯击楚，何守关中。关中事计户口转漕给军，汉王数失军遁去，何常兴关中卒，辄补缺。上以此专属任何关中事。"

为了营建长安城，他兼任设计师，亲自担纲，让长乐宫、未央宫挺立在民众心头，成为王朝的象征；为了保护文化，他筹建国家档案馆（石渠阁）和国家图书馆（天禄阁），让文化的种子扎根华夏大地；为了救民济民，他主持兴修水利，让山河堰的清水长流至今，润泽良田与人心；为了解救灾民，他主张开放皇家园林，租借给百姓耕种……刘邦在前线打仗，萧何就在后方夯实统治根基。

《礼记·中庸》曰："凡事豫则立，不豫则废……在下位不获乎上，民不可得而治矣。"历史的经验从来如此。凡事提前谋划，做足准备，成功概率就高。在下位的人得不到上级的信任，国家就治理不好。

萧何是辅佐刘邦的帮手，更是挖掘人才的高手。韩信投奔刘邦后，始终不得重用，失望之际，他逃离汉营，另找出路。萧何追回韩信后，强力举荐他为大将军。可以说，如果不是萧何，也就没有韩信后来率领汉军渡陈仓、战荥阳、破魏平赵、收燕伐齐，连战连胜，又在垓下设十面埋伏，歼灭项羽全军等一系列成功的军事行动。萧何月下追韩信，也由此成为中国历史上识才荐贤的典范。

但任凭萧何将自己的才能发挥得有声有色，他的内心始终是孤独的。我们很难从史料里看到他与某人私交甚密的记载。汉朝开国，论功行赏时，萧何位列第一，导致昔日老友纷纷远离，让他成为孤臣。更令人悲叹的是，"成也萧何，败也萧何"，他配合吕后诱杀韩信，给人留下了一个薄情寡义的印象，这也成为萧何一生中饱受诟病的污点。

刘邦对萧何也并非完全信任，萧何甚至需要自毁名声来消除刘邦的疑心。

高祖十二年秋，英布起兵反叛，刘邦御驾亲征，多次遣使询问相国萧何在做什么。门客对萧何说："您快要被满门抄斩了。"萧何惊问其故，那人说："您位极人臣，富贵之至，难道还可以再增加吗？而您从刚进关中的时候起就深得民心，到现在已经有十多年了，百姓们都亲附您，您总是勤勉办事，得到了百姓的欢心。皇上之所以屡次派人来问您的情况，是怕您利用自己的威望图谋不轨。您何不贱价强买一些民间田宅，败坏自己的名声？那样皇上对您就放心了。"萧何只好依计行事，刘邦果然满意了。

在后人眼中，萧何深谙政治上的生存智慧。然而在当时"飞鸟尽，良弓藏；狡兔死，走狗烹"的局势下，萧何还要背负王权的压力，在战战兢兢中继续治理国家，这种难言的孤独，谁解其中味？

晚年的萧何，采摭秦朝六法，制定实施《九章律》；主张无为而治，采用黄老之术，让民众休养生息，稳定了汉初的统治，使汉朝国祚得以延绵。刘邦死后，萧何继续辅佐惠帝，最终死于任上。

"了却君王天下事"，这句话足以总结萧何的一生。

翻开历史的画卷，萧何徐徐走来，随之而来的是那个群雄逐鹿、风起云涌的时代。让我们以萧何的视角，走进那个时代，跟随他的脚步去丈量历史的深度。无论后人如何评说，真实的萧何永远在史实里。明其始终，方知由来。

目录

第一章

富而入仕

第一节　低调有为的富家子弟

早晨天气晴好，萧何用过早饭，打算去衙门办公。他刚走出大门，家老便如往常一样追了上来，提醒道："少主，天黑务请归家。"

萧何微微颔首，客气地回应："老伯无须叮嘱，何心中有数。"他见家老张口欲言，忙拱手快言拦住："晓得。少与生人交往！莫要酗酒！"然后疾步离开，留给家老一个衣袂翩翩的背影。

家老一边往回走一边慰藉地点着头："县城的富家子弟中，没有几个像少主这样争气的！"

确实，像萧何家这样的富庶大户，在沛县丰邑城是很耀眼的。富家的青年，即便肯认真读书，也很少像萧何这般克己自律。家老牢记萧何父亲立下的家训：这年月不安宁，做人定要收敛。因而他时时叮嘱萧何。

萧何出生于富家，还能留在原籍，算是极其幸运的。其原因是，他家虽然富裕，但并非显贵。比他家有权有势的贵族和豪富，都被秦始皇一个诏令迁移到咸阳了——秦灭六国后，"徙天下豪富于咸阳十二万户"。①

秦始皇这个举动，是为了政权稳定，防止山东六国的旧贵族复辟和豪富作乱。迁徙 12 万户到咸阳，在当时是一项大工程。秦帝国成立之初，全国总人口约 2000 万，按一户 5 口人算，约为 400 万户。扣除不在迁徙之列的 60 余万户的原秦国人口，秦始皇下令从剩余的 340 万户中迁徙 12 万户，平均下来大约每 30 户就迁徙了一户。②

这样一来，大富大贵之家就不得不离开故乡，"自愿"迁往咸阳。剩下的如萧何家这类的富足家庭，在丰邑城里就属于"凤毛麟角"了。不仅如此，萧何整个家族也是人丁兴旺，同宗不下百口人。多年以后，论众将之功时，刘邦亲口说："萧何全宗族有几十人都跟随我，他的功劳是不能忘记的！"③

---

① 《史记·秦始皇本纪》。
② 杨华、段君峰著，《中国财政通史·先秦财政史》，湖南人民出版社，2013年出版。
③ 班固著，《汉书·萧何传》，中华书局，2012年出版。

出生在这样的家庭，萧何却没有成为纨绔子弟。他自小就受父亲影响，笃学慎思，为人沉稳。他写的文章，少有瑕疵，逻辑严密，很少有人能推翻或者挑出大的弊病。也因"文无害"①这个优点，萧何被选拔到沛县县衙任职。

沛县，战国初期属宋国，后归齐国，到萧何的青少年时期，已经归于楚国。这期间，六国虽显颓势，但各诸侯仍然顽强地与秦国抗争。为了自保，萧家要求儿女们既要学文，还要学武。有条件的家族像一株大树，尽其所能地荫庇子孙，既想让他们免受风雨之灾，又盼望他们能够"多经风雨"，历练成为栋梁之材。

萧何有幸没有成为军卒征战疆场，少了剑戟之苦，但种种耳闻目睹，也使他从一个柔弱少年成长为"百炼钢"。

秦国一统天下，推行郡县制，使得地方优秀人才能够为国效力。尽管此时的国，是曾经被东方六国称为"暴秦"的野蛮之国，但如今天下只有一个秦国，对平民百姓来说，总算结束了无休止的大规模战争，未尝不是好事。

萧何初到衙门，担任少吏，做些辅助性的琐碎事情。他办事从容沉稳，扎实牢靠，逐渐赢得县令的青睐，于是被委派一些更为重要的事务。萧何主动减少回家的次数，吃住都在县衙。他回家越少，父亲越高兴，对于儿子天天忙于公务十分理解并鼎力支持。毕竟像他们这样的家族，有个在县衙里能说得上话的人，是极其有用的。

---

① "以文无害为沛主吏掾。"（《史记·萧相国世家》）

　　萧何处理完公务，有余暇时，喜爱广交朋友。和那些出身穷苦的同僚不同，他在花钱交友上从不吝啬。

　　县城刚擦黑就人流稀少，人们习惯于日出而作，日落而息。而萧何在做完了一天的差事后，则习惯去酒肆喝上两盏。

　　走在初秋的街上，凉风习习，萧何按捺不住好心情，随口哼道：

　　呦呦鹿鸣，食野之苹。

　　我有嘉宾，鼓瑟吹笙。

　　吹笙鼓簧，承筐是将。

　　人之好我，示我周行。①

　　萧何正唱得兴起，忽然警惕地看了看身后，瞧着已来到酒肆门口，急忙噤声。他是个谨慎之人，生怕自己举止不当引起别人非议。

　　下午县丞交给他十多卷竹简，皆是县里多年来的积案、难案。对萧何来说，这是特殊偏爱。县丞肯把这些交给自己，足见对自己的信任正与日俱增。他知道，沿着这条路走下去，一定前途光明。

　　尽管得到了县令与县丞的赏识，萧何也很注重搞好与同僚的关系，大家相处十分融洽。他推门进入酒肆，一眼就瞧见两个掾属，他点点头，正待过去寒暄几句，突然发现在南墙角落里低头饮酒的是狱掾曹参。这个人萧何平日常见，但二人交流不多。眼

---

① 《诗经·小雅·鹿鸣》，中华书局，2015 年版。

下时机刚好，萧何便决定过去与他打个招呼。没想到，三两句话，两人甚是投缘。曹参也是个谨慎之人，不该说的不会多说，二人就此推杯换盏，交谈甚欢……

不知不觉萧何已经饮了六七盏，眼见人陆续走了，已是人定[①]时分，他起身告辞，曹参也见好就收，二人在酒肆门前告别。萧何迈着轻快的步子，不紧不慢地往县衙走去。

第二节　沛县主吏掾

因为制勘公正、恪尽职守等出色表现，萧何没过多久就被县令擢升为沛县主吏掾，主要负责考察记录县衙所有署曹吏的功绩，是县令的得力佐吏。但萧何却一如入职之初，谨小慎微，从不骄矜，还尽可能多地帮助同僚和同乡，是标准的"规则好人"。他在执行律令时，态度极其和蔼，宛如热胸膛暖寒冰；他从来不会厌烦，总是耐心地讲道理，直到别人心服口服。因此，萧何在县衙的声誉极好。

县令自然深谙法是秦立国之本以及严格执法的重要性，一早就找来萧何，质问道："昨日捕获的两个逃税犯徒，听说你让从轻发落？"

萧何拱手回禀："这两个犯徒，其中一个家中仅他一男，若

---

① 人定：又名定昏。此时夜渐深，人们已经停止活动，多安歇睡眠。相当于亥时（北京时间21时至23时）。

就此入狱，再无其他收项，恐怕欠国家之税就永无指望还上。另一个所欠数目尚未核查清楚，只能暂时押监，待调查清楚再定罪不迟。"

"萧何，你素来严谨，可不能在这些小事上犯糊涂。"

"小人明白大人的爱护之心，断不会徇私叫大人为难。"

县令说："你是主吏，要关心大事，最好别叫这些小事缠住手脚。尤其你是本地人，今天这家明天那家求情，最终要毁了你的。"

萧何连连点头："大人教诲牢记心头。"

"前日，陛下东游，在阳武博浪沙遇袭，令天下大索十日。今天是第一日，你要睡觉也得比平时多睁着点眼。虽说捕盗是县尉首责，但你我也都要全心投入，不叫盗匪趁机作祟，以免有半点差池。"

"喏！"萧何躬身退出。

临近中午，萧何又接到县尉命令，令"县司马"调动良驹十匹，少时便要到东半部县稽查治安。因为前一段时日连着六七日秋雨连绵，县城西南角的夯土城墙有十多丈长被冲毁。萧何又接到命令，下午务必和"县司空"到城墙损毁处督促服劳役的刑徒，加快修补进度，防止有贼患趁此机会到县城内捣乱。

沛县县城的诸多低级少吏，这一日都忙得焦头烂额，生怕有丝毫闪失，叫"县啬夫"（县令别称）抓住现行，触了霉头，遭受惩罚。

也不怪这些县衙的小官吏紧张。秦朝颁布了《秦律十八种》

《秦律杂抄》《法律答问》《封诊式》等众多律令，[①] 每一款法律下又包含若干条目，但有松懈，便遭惩处。

萧何上午替两个老乡说情的做法，并不是想要挑战秦律法。秦律法过于严苛，萧何只是想稍微顾及人情。精熟法律的他总是在谨守原则的前提下彰显执法的温度。

秦朝的诉讼形式包括两种：一种是由官吏代表国家纠举犯罪，相当于现在的"公诉"；一种是当事人直接向官府呈诉。地方办案，以后者居多，案件包括贼杀、伤、盗等。

萧何性格温和，深知每宗案件的处理结果直接关系到一个家庭的生活与安宁，所以总是手下留情。他发挥自己长处，注重收集细微的证据，坚持柔性审讯的方法，谨慎量刑，公正执法，在百姓中拥有较高的声望。遇到疑难案件，他也能基于人、事、物的立场，提出精辟的见解，妥善合理地进行解决。

但这种事情做多了，难免引起县令的注意，所以才会在秦始皇震怒、下令"天下大索十日"[②] 的关键时刻，有意提醒萧何。

萧何作为主吏掾，主掌人事，不得不面对纷繁复杂的人情世故。人员的升迁选用和严格考核像一把双刃剑，稍不留神就会割伤自己，遭人构陷；过于严苛又会伤着别人，成为世仇。左右之难，如履薄冰。

秦朝对官吏的考核，依然沿用春秋战国时期的"岁终上计"制度，也就是每年到了年终的时候，对官员进行考核。合格称职

① 谌旭彬著，《秦制两千年》，浙江人民出版社，2021 年出版。
② 司马迁著，《史记·秦始皇本纪》，岳麓书社，2012 年出版。

的继续留用，不称职的则予以罢免。既然是考核，必然有考核标准，少吏的读写能力和水平毕竟有限，因此他们不用写报告呈上来，十三数 [①] 就是少吏考核的重要标准之一。

萧何不但要对县内各少吏、乡三老、亭长依律考核，对上报的数量逐一核实、记录，还要根据所有记录进行优劣评价，以便县令奖掖先进或惩罚惰者。这些繁杂的记录都要抄写在竹简上，特别重要的还要刻出来。

作为主吏掾，萧何要考核下一级官吏，同时也要接受上一级的考核。他们的考核是有区别的。郡县两级制度下，除了"计簿"，还有会课。考课为"最"，或为"高第"者，均能得到升迁。萧何在县府乃至全郡的考核中总是靠前，也因此受到了郡监的赏识。

第三节　小吏的忧世之情

萧何在县衙看似顺风顺水，却也有隐忧和烦恼。他待在县衙越久，越熟悉政务，烦恼也就越多。

尽管萧何执法留情，但不能真正缓解严苛的秦律法给百姓带来的痛苦。况且，像他一样心存仁慈的官吏能有多少呢？

这天，萧何又来到修补城墙的工地上，只见一个身穿长襦、外披铠甲、下穿短裤、腿扎行滕、足登浅履的武卒面目狰狞，吆

---

① 十三数：竟内仓、口之数，壮男、壮女之数，老、弱之数，官、士之数，以言说取食者之数，利民之数，马、牛、刍藁之数。（《商君书·去强》）

五喝六。

"你这懒虫，昨日就看你像蜗牛一样慢腾腾的。搬个丁点大的石块，半天挪不动地儿，演戏给谁看呢！"武卒抡起软鞭，"啪啪"猛抽两下，民夫的肩臂和后背顿时多了两道血痕，不停地往外渗血。武卒还不解恨，用手擦着鞭梢上的血，瞪大眼珠子怒骂："看什么看，就是你娘老子来了，也得继续干！"说话间又劈头盖脸甩了几鞭子。

旁边正在和泥的老者替民夫求情："兵爷爷，行行好，他昨天已经病得吐血了……"武卒一脚将老者踹倒："有你什么事，我眼瞎吗？要你来教训……"

萧何快步走过去，一把攥住武卒高高扬起的鞭子，声音低沉地说："打死他们，你一样要按《军爵律》服刑！"武卒见来人是萧何，忙点头哈腰地谄笑着说："主吏掾有所不知，这家伙老是偷懒，不给他点颜色看看，只怕要坏了规矩。"

萧何不是那种刚烈脾气，尽量忍着性子，规劝道："都是本县人，何必下毒手。役夫是为国效力，不是刑徒。"

武卒这才悻悻地对那民夫说："要不是看主吏面子，今天可饶不了你，还愣着干什么，快干活去。"

萧何见了这样的情景，心中无比酸楚，却又无可奈何。在国家律法与悲悯之心两者之间，很难找准一个平衡点。与黔首们说，他担心引起大范围的抵抗运动，自己成为无形中的"始作俑者"；与同僚说，他也只能隔靴搔痒，不敢深入谈论，怕落下个诽谤社稷的罪名。

"秦始皇，何彊梁。开吾户，据吾床。饮吾酒，唾吾浆。飨吾饭，以为粮。张吾弓，射东墙……"[①]

萧何走在街上，忽闻一阵童稚歌谣，循声望去，只见一个小儿手拉鸠车，边跑边唱。他惊出了一身冷汗，虽说只是孩童游戏，但这种口无遮拦的大不敬童谣，很容易被别有用心的人揭发，成为株连家族、人头落地的导火索。萧何疾步走到孩童身边，做了一个让他噤声的动作，同时用眼睛扫了一下四周。

随后跟来的民妇，看到小儿身边站了一个人，从那一袭华丽深衣可知身份不一般，她吓得脸色惨白，生怕惹祸上身，边磕头边求饶："贱民没有管好小儿，请大人饶恕，请大人饶恕。"

萧何弯腰扶起民妇，小声叮嘱一番，方才离开。他心里五味杂陈，民谣是世道人心的反映，看似孩童的无意之举，背后定是有人编排。

萧何深知自己作为县府主吏，无力改变现状。回到县府，他只好继续埋头伏案，处理事务。郡府不断催征赋税，看着案卷上统计的触目惊心的数字，萧何长吁短叹。随着徭役加重，鳏寡孤独的人数成倍增长。

秦朝的赋税主要有田租、口赋、杂赋三种，占农民年总收入的三分之二左右。[②]

---

① 佚名《秦世谣》。
② 杨华、段君峰著，《中国财政通史·先秦财政史》，湖南人民出版社，2013年出版。

萧何知道，因为交不起赋税被抓进牢狱的百姓，并非有意对抗法律，实在是因为收支不平衡。面对这些犯人，尽管他会从中斡旋，尽力让他们早日归家，下田耕种，不至于被充作徭役，送到遥远的地方去，然而这也只是杯水车薪。

萧何发现，秦朝"苛政"，徭役繁重是其一。秦朝一统四海后，急于巩固政权，生怕六国再掀波澜，为加强防御，把秦、燕、赵北部的长城连接起来，并且加以增筑、扩建；为便于通行，修建直道、驰道，构筑以咸阳为中心、辐射全国的交通网；为服务农业，修建灵渠，连通长江、珠江水系；为宣扬权威，兴修阿房宫、建造陵墓等大型工程。[①] 凡此种种，都需要征调大量民力服徭役。民众苦于徭役繁多，无暇耕种，失去安身立命之本，更加困苦不堪。

萧何尽己所能地根据郡府对每项工程要求的人员服役数量，结合丁男的年龄、家庭状况等，合理安排，分配人员到不同的地区服徭役。

当时的几个重大工程多在函谷关内，秦统一前，官府要求民夫几天内到达服徭役的地点是完全可行的。这一律法推广到全国后，各地的人情风俗、气候条件、道路状况都不统一，一旦遇到雨季，就很难按时到达。而秦严刑峻法，不听辩解，只看结果，这就导致民众越来越怨恨"秦法严苛"。[②]

秦朝苛政是个整体循环的链条，工程越大，徭役越多。逼迫越紧，民夫越难以准时达到。前逼后追，恶性循环，民众如稻草，

① 林剑鸣著，《秦史稿》，上海人民出版社，1981年出版。
② 林剑鸣著，《秦史稿》，上海人民出版社，1981年出版。

秦律如石头。重压之下，家庭无法完成赋税，渐成沉疴痼疾。

观之思之，念兹在兹，萧何的烦恼如影随形，挥之不去。

第四节　拒做咸阳高官

萧何整天一副公事公办的面孔，很难能从面部表情看出他的心绪变化。房间里，案几和架子上分类陈列的简牍，码放得整整齐齐。各卷上缀着的小窄布条分门别类，一清二楚。案前堆放着新劈开的竹简，虽然已经烘干，但仍旧难掩竹子特有的馨香。年轻的刻工早已规矩地坐在靠窗的小案子旁，默默等待着今日的差遣。

县令命人召来萧何，捋着山羊胡子交代道："郡监御史要来沛县督查庶务，你把户籍、农事、案件、刑徒、物资这些卷宗归置归置，御史盘问时好心中有数。"

"这些平日里都已经分类整理好了。"萧何恭谨地答道。

"难得你这么仔细，不过小心为妙。这次不打招呼，说来就来，谁知是好是坏。"

"大人放心，仆自然不会失了分寸。"

萧何又汇报了些杂务，县令一一点头。临走还不忘嘱咐萧何，叫那些平日里懒散的少吏这几天少露面，可以指派他们下乡去避一避风头。

郡对县的庶务督查包括两种，一种是定期"上计"，另一种是随时检查。萧何虽猜不透这次突击检查所为何事，但他心中并不发怵，自忖平日里已做足功课，这样的检查对他来说不是什么难事，因此也就没有放在心上。

郡监御史到达后，先是例行性地了解沛县的赋税徭役、案件审理等情况，萧何如数家珍地将数字逐一汇报；郡监御史又实地考察了农耕，萧何不但分析了当前的农事，还将附近郡县情况与沛县做了横向比较。郡监御史认真地听着，不时露出欣慰的笑容。

萧何汇报完毕，感慨地说："无粮不稳。大秦素来抑商重农，各项政策确实是好的。天下一统后，原先六国的黔首，有懒散轻耕者，有投机重商者，有租地撂荒者，也有种子不适用者……总要区别对待，因地制宜，才能更好地征收赋税。"

"萧何啊，难得你有如此方略和见识，我素知你心思缜密，没有看错你！"余下的时间，郡监御史就像拉家常一样问了些萧何的私人问题。萧何隐隐觉得，要有好事发生。

果不其然，不久萧何便接到了去泗水郡[①]当差的升迁令。原来，萧何的才干早已引起了郡监御史的注意，对他颇为赏识，多次向郡守推荐他。这次庶务检查，实为萧何升迁的任前考核。

萧何从沛县调到泗水郡当差，任卒史，是郡中长吏的属官，协助郡守、郡监御史处理郡内的日常政务和司法审判。从个人层面来看，工作的升迁至少能带来三项好处：一是个人收益的变化。

---

① 《史记》《汉书》为泗水郡，也写作四川郡，出现于秦封泥和印信中。《考古与文物》1998 年 2 期刊登过"四川太守"的封泥；《考古学报》2001 年第 4 期上刊登过"四川水丞"的封泥；也有"四川轻车"秦印相证。岳麓书院藏秦简记载，印证"四川太守""四川水丞""四川轻车"等封泥、印信，据以上证，史学界近年纠为四川郡。

郡卒史的俸禄在一百石到二百石之间，远高于沛县主吏掾。二是前途更光明。郡的行政区划等级高于县，可了解和掌握多县情况，具有较大的提升空间。三是人脉资源的变化。郡直属中央领导，接触的人和事务的层次都会高一个级别。

萧何本不善于钻营，任卒史后还是一如既往地努力工作。很快，他渊博的律法知识，缜密细致、有条不紊的办事风格，笔走龙蛇的才气深得郡监御史青睐。

这天处理完公务，郡监御史约萧何小酌。

三杯过后，郡监御史称赞道："萧兄，以你的才干，有没有想过到更大的地方走一走？"

萧何愣了一下，不解地说："萧何以一微末小民，能到郡里任职，已是祖上积德，又兼大人提携，感激不尽，哪敢再有奢望？"

郡监御史呵呵一笑，端起酒爵一饮而尽，摩挲着胡须说："我准备保举你到咸阳当差。"

在常人看来，这是个千载难逢的机会。萧何一听，心里却咯噔一下，平日里那些隐忧忽然如一头猛兽，铆足了劲，在他胸腔内四处冲撞。

他见郡监御史正笑眯眯地盯着自己，果断站起身来，深深鞠躬，作揖行礼，歉疚地说："大人有所不知，仆乃一介草民，见识短浅，如今父母年老，妻儿在家，实在难以抛舍……"

"你呀你，什么都好，就是胆略不够。瞧把你给吓得，既然不乐意去，就还陪着我在这泗水郡当职吧。"郡监御史端起酒爵，反复摇头，"要说你萧兄，还真是特别。人人都盼着升迁，唯有你，如此淡泊名利，也好也好……"

上级举荐下级即便是真心，也会看下级的第一反应。若一听"挪动"便喜形于色，得意张狂，急于"快速离开"，举荐人多半心里不舒服。因此，郡监御史见萧何虽说有些"不识抬举"，却也是忠诚于自己，就没有再坚持要他去咸阳。

萧何不想去咸阳，说到底还是根据自己的经验来判断决定的。

他虽然没有走出过泗水郡，可通过邮传、商人等多方渠道也能及时获取社会信息。从邮传那里听到的消息，真实可靠，时效性强；商人流动性大，信息具有随机性，但不乏游士之识，需要加以斟酌、分辨。

萧何结合自己多年的经验，越来越清晰地认识到，秦帝国内部早已暗流涌动。

长期以来，东方六国一直称呼秦为"虎狼之国"，心理上对秦是抗拒的，尤其是齐、鲁诸国，历来以儒家文化为主流，把秦视为蛮夷。很多人身是"秦朝人"，心仍是"故国心"。民间始终潜藏着一股反对势力，试图以刺杀、起义、反叛等手段"恢复六国"。

秦始皇对此也是心知肚明，为了保住来之不易的政权，他多次东巡，向不安分的六国贵族显示武力，以震慑反叛力量。

这也就有了秦始皇博浪沙遇袭事件。这次暗杀行动，是韩国公子张良发动的。张良找人制作了一把重达一百二十斤的大铁锤，又寻得一个力大无穷的勇士，埋伏在阳武县（今河南原阳）南边的博浪沙。当东巡的车队到达的时候，早已埋伏在此的张良，令大力士抛出大铁锤。铁锤劈裂空气，朝马车飞去，一阵响声过后，马车被砸得四分五裂，可是车内坐的并不是秦始皇。车队护卫呈包抄之势朝张良冲过去，张良寻得时机乘快马逃亡。这才有了秦始皇"令天下大索十日"的诏令。

张良刺秦不是个案，六国贵族后裔，个个跃跃欲试。

这些事件使萧何意识到秦朝政局必定不稳。因此，他虽然做着秦朝的官吏，却并不想到咸阳做高官。任沛县功曹或郡卒史，比做朝廷高官安全得多。基于此，当郡监御史推荐他到咸阳去时，他果断推却。

萧何内心也经常问自己一个问题：如今国家统一了，本该体恤民众，让他们安居乐业，为什么秦始皇不这么做？秦长期以来沿袭商鞅的治国思想：国富则贫治，民愚则易治。按照商鞅的说法，一个强大的国家，必须以弱民为主。民众若贫穷，就会有上进之心；富有之后，就会放纵、贪图安逸。秦统一全国后，更加大了这一理念的推行力度。掌权者认为，越压制，民众越听话。

萧何几经思考后认为，在七国征战的战国时代，商鞅的理论确实让秦国如虎狼，军队战斗力迅速提升，从而百战百胜。但现在继续推行这样的强硬政策，是行不通的。

如果不去咸阳，一旦时局变化，自己又该何去何从？萧何设想了许多：继续做个小吏？无论时代如何变换，还是需要小吏的，凭着自己的能力，谋个一官半职并不难。造反？秦朝的苛政最典型和可怕的就是"连坐"，他家在本地也算殷实，一旦失败，就会连累整个家族。归隐？天下虽大，哪里又能真正脱离社会而苟安……

第二章 点炭之人

第一节　一个泗水亭长的理想

在萧何内心迷茫的时候，他的身边出现了一位即将改变他一生命运的人，这个人就是刘季。

这天，王媪的酒肆内，一群壮汉围案而坐。酱狗肉、葱烧野兔、椒盐泥豆已摆好，一只手迫不及待地伸出来，直奔狗肉而去。另一只手以更快的速度，在这只手的手背上打了一下："樊哙，你这浑小子，兄长还没来呢！"樊哙是杀狗的屠夫，一脸络腮胡子，看着是个粗人。

"来了来了。"萧何踏入酒肆，酒宴正式开席了。

"我多日未回县城，兄弟们，先满饮一盏。"萧何歉疚地说。

"兰陵美酒醉倒人！先来灌上三大碗！"樊哙大嚷道。

"你是见了酒舌头就掉了，你一个人用碗喝完了，我们喝风啊？"开口的是周勃，他臂力过人，拉得一张硬弓，以编织蚕箔为业。

萧何听了笑道："不妨事，大家只管喝，今日管够！"

刘季敲打着案子说："听听，还是萧兄阔绰，若靠我们几个穷鬼，怕是喝不成啦！"

"刘兄今日倒扭捏了，还不是觉得萧卒史在！"樊哙撕扯着狗肉，唾沫飞溅。

刘季可不在乎樊哙的揶揄，他从来就洒脱无比。刘季出生在丰邑中阳里，因排行最小，故称刘季。父亲本来是图起名省事，没想到后来刘季又有了弟弟，没有占住"最小"这个位置。

刘季和萧何年纪相若，刘季略长。他在泗水亭当亭长，性情豪放，交友甚广。

这帮弟兄里，萧何是学识最丰富的，其余的文化水平都不高，因此他们聚在一起时，为助酒兴，爱耍俗物。

刘季手执骰筒，上下翻飞，大家的眼睛也随着骰筒上下移动。"咣——"刘季将骰筒置于案上，随着骰筒揭开，大家一起把脑袋往前伸，只看到黑魆魆一片头发。"三、三、五，十一。"

"萧兄，你来！"刘季说。

"你们玩，我看着。"

樊哙一把抢过骰筒："我来！"

"六、三、四，十三，刘哥输了，喝酒喝酒！"

"掌柜家的，再上壶浆！"刘季喊道。

王媪把手一甩，指着刘季说："光吃酒，不给钱，你把酒钱先付了。"

"你这妇人，太不识好歹，一点酒钱算啥，先赊下，记在账上，我还给酒肆带来了不少客人呢！"

"今日我来付账，说好的，刘季之前的也一并结算了。"萧何说。

刘季也不客气，拱手致谢："萧兄，谢过！"

很快，王媪端上来一壶热浆、一坛佳酿。

欢饮过后，酒肆的人渐次离去，萧何说："明日还要当差，我先行告辞！"

"走吧，你走吧！我们再耍一会儿。"刘季眼睛盯着骰筒，头也不抬地挥手道别。不久之后，大家渐渐离去，刘季趁着酒劲，顺势倒下去，很快便发出一阵高一阵低的鼾声，不时伴随着呓语。王媪拿来一个薄被，不情愿地盖在刘季身上，慨叹连连。

刘季懒于种田，也不顾家，喜欢游荡交友，经常把朋友带到家中吃吃喝喝。父母、兄弟、嫂子都讨厌他。后来赶上沛县招小吏，刘季去应试碰运气，竟被录用为泗水亭长。秦国采用郡县制度，县下设乡，乡下设亭，每亭置亭长一人，平时负责练兵，接待来往官吏，为官府输送财物，传递文书，处理亭里乡间的矛盾纠纷等。亭长下设"亭父"和"求盗"各一人。

亭长是没有俸禄的，只有一块官田。虽说是官田，基本上需要靠自己打理。

做了亭长后，刘季仍整日呼朋唤友，乡邻们有羡慕的，有鄙夷的，更多的是事不关己，高高挂起。萧何因为与刘季有事务往来，深谈过几次，刘季称"大丈夫当胸怀天下，日日耕田，荒废时日"。萧何知他素有大志，并非浪子，因此并不讨厌他，一有机会还帮助他。

沛县每年都要押解劳役送往咸阳，因路途遥远，且路上若出差池，还要受重罚，所以县衙小吏多想方设法推却此事。

萧何考虑到刘季不想耕田，缺少收入，如果能揽下这送劳役的差事，既能挣钱又能出去闯闯，见见世面。果然不出他所料，刘季满口答应下来。

出发时，刘季的好友和县府官吏都来为他送行，每人送他三百钱，作为路上支用。萧何走到刘季身边，握着他的手嘱咐："这钱带上，路上不比家里，不要受了委屈。"说完把五百钱放在刘季手里。

刘季多次押解劳役，每次回来相聚时，说不完的"咸阳要事"，连吹带擂，总要讲上几天几夜。萧何认真地听着，微笑不语，从中捕捉到有用的信息就留心记下。

一次归来，刘季却表现出少有的沉默，唏嘘感慨，反复摇头："兄弟们，我刘季这次差点回不来了。"

"怎么回事？"萧何关切地问道。

"我看到皇帝出行了。"

"皇帝长啥样？"

"皇帝出行是什么排场？"

"以前咱都白活了。"刘季清了清嗓子，"那阵仗一辈子难忘……"

刘季将自己的见闻娓娓道来：御道两旁站着手持长戟的武卒；外围的人群踮着脚尖张望着，期盼着……马车声、脚步声、马身上的坠饰铜铃声，混合在一起。刘季跟着人群缓缓下跪，低下头，可浩浩荡荡的车队吸引着他，他悄悄往高处挪动，要一窥究竟。

最前面是兵车，也称"高车"；兵车之后是副车，也称"安车"；副车过后是皇帝乘坐的"金根车"；后面接着又有副车、兵车相继驶过。每一辆车都由四至六匹高头大马拉着，马身上挂满了坠饰，兵车富丽堂皇……刘季看得眼花缭乱，激动不已。当车队驶过，众人高呼万岁之时，他站起来，望着渐渐远去的队伍，大呼一声："大丈夫当如是也！"

萧何听到这里，大为惊讶："好你个刘季！若是被人听到，宗族皆灭！"

刘季回过神来，嬉皮笑脸地说："我这不是好好的嘛！若真有一天坐坐那金根车，才是男子汉大丈夫！"

萧何欣赏地看着刘季，暗暗对自己说："此人了不得！"尽管他知道刘季这理想在别人看来狂妄无比，甚至有些荒唐，但他从刘季坚毅的目光判断，定要好好相待此人，弄不好前途无量呢！

第二节　刘季的好人缘

习惯就像一块炭，平日里黑乎乎的，若按部就班规规矩矩，就毫无热量。可一旦点燃，火焰红彤彤的，温度炙热又能量无穷。当然，打破习惯，做个点炭之人，并非人人都有胆量。刘季偏偏就是这样一个点炭之人。

他是"亭长"，官职再小，也是在体制内。按说遵守规则，做一块"听话懂事"的黑炭，是他的本分，可他才不管这些，总是随心所欲，大胆去做自己想做的事情。时间一长，大家都认为，也就刘季有胆做出格的事情，不这样做就不是刘季了。对于这一点，被条条框框束缚的萧何，十分羡慕，真心佩服。

刘季平日里爱开玩笑，口才又极好。无论什么场合，只要他在场，总能找些别人的"短处"，绘声绘色地讲演，县府、乡以及亭里的小吏，多被刘季狎侮。可这并不影响大家对刘季的喜欢。刘季若是不在，场面往往就沉闷枯燥。

刘季喜欢结交朋友，时常约兄弟们一起吃酒，经常去的酒肆有两家，一家是王媪家，另一家是武负家。每次他喝了酒又没有钱，怎么办呢？赊账。可是赊了账也要还的，到了年底，店家见刘季丝毫不提还钱之事，便对他说："刘亭长，年终了，让小民也过个年，把赊欠小店的账清了吧。"

"你就是打死我，我也还不上。"刘季说，"只要有人来店里，你就告诉他们，我睡着之后，身上盘着一条龙，那样就可以吸引更多的人来喝酒。"

两家酒肆的老板娘王媪和武负听刘季这样说，只好试试，效果居然出奇的好，生意确实旺了很多。王媪、武负再索要酒钱，刘季就狡辩："要不是我给你们出主意，店里的生意能如此好？照理说，你们还欠我钱呢！不过我不在乎，不找你们要了。"她俩发现，这刘季还真有种说不清的魅力，只要他来喝酒，来凑热闹的人就多；客人多了，收入自然就多。于是，她们都抢着招呼刘季到自己的店里喝酒，一年下来，除去刘季赊欠的，还赚了不少。她们便做个顺水人情，将旧账一笔勾销。刘季见状，继续扩大战果，借酒肆老板的口，借酒肆这个人员聚集的地方，散播自己更为传奇的经历。

按照刘季的说法，他的母亲走路困顿乏力，坐在树下休息，睡眼蒙眬间，见一神人从天而降。他的父亲刘公见天空中乌云密布，电闪雷鸣，想到妻子久出未归，急忙出门相迎，远远看见妻子坐在树下，头顶的浓厚云雾下，蛟龙腾跃，金光四射，从此刘母有孕，诞下男婴。

这种经不起考证的离奇传说，有可能是刘季杜撰的美丽谎言。可它满足了人们的猎奇心理，于是不论真假，一再传播。

传闻生下的这男孩，高鼻长颈，左股长有七十二颗黑痣。为了证明这个说法，有时候吃着酒，刘季就露出大腿，让酒友们看这些黑痣。

萧何明白刘季的心思，知道他是在布一个大局，所以他看破不说破，且认为散布这种"神秘论"虽有风险，但可进可退。如果有人追查，完全可以说是醉后胡言乱语。若无人理会，这种传说在民众中就会越传越广。

龙，在当时神祇崇拜的精神体系中，是高高在上、不可预测、不容否定的。而刘季就凭空捏造出一条龙，且把自己幻化为龙。

刘季制造舆论，卖弄"玄之又玄"的故事，为的是凝聚人心。他年少时就梦想着做大事，为此还专门跑去向战国四公子之一的魏国信陵君求教，但他运气不佳，赶到大梁时，信陵君去世了。他游逛了一段时间后，准备返回家乡，突然听说魏无忌的门客张耳在外黄（今河南民权县境内西北）当县令，正在广招门客，于是就投奔到张耳门下，并赢得张耳的青睐，两人关系甚好。

胸有韬略之人，总会做出一些令人诧异的事情来。不久，刘季做出的另一件事，便让萧何佩服不已。

单父县（今山东单县）人吕公与沛县县令是老朋友。为躲避仇人报复，吕公举家秘密迁至沛县，县令决定为吕公接风洗尘。县令大人公开设宴，县里大大小小的官吏自然懂得"为官之道"，纷纷赶来捧场送礼。刘季虽是一介亭长，毕竟也是县令下属，不去捧场于情于理都说不过去。但是，他哪有闲钱备贺礼呢？

刘季知道，这种重大场合，正是广交朋友、混个脸熟的绝佳机会，所以不肯错过。

宴会当日，吕公家门前车水马龙，客人进进出出，十分热闹。

刘季不慌不忙地迈进大门，听见大家议论，贺礼千钱以上者，坐在堂上；不满千钱者，坐在堂下。他微蹙眉头，心想：坐在堂下，那还有什么意思？

他正在犹豫，忽然看见萧何正端坐在厅堂门口的小屋里负责记录贺礼，不禁眼前一亮，他转回身去做了一番手脚，然后快步向大厅走去。

萧何虽然兼任泗水郡卒史这个职务，不久后还是被委派到沛县，继续担任主吏掾。缘于郡卒史这个名誉，县令就更加高看萧何一眼，因而让萧何负责记录贺礼。

萧何正低头记账，猛听得一人大喊："泗水亭长刘季贺礼一万！"在场的人闻言都大吃一惊。

萧何抬起头，见刘季正面带笑容，昂首阔步地朝自己走来，身边跟着点头哈腰的家老，家老手里高举名册，上面赫然写着：泗水亭长刘季贺钱万！

面对着手里空空如也的刘季，萧何一时哭笑不得。

吕公正在厅堂里忙碌，忽然听到有贵客祝贺万钱，马上迎了出来。吕公擅长相面，颇有识人之术。他见刘季器宇轩昂，高鼻梁，美须髯，出手又如此阔绰，遂敬重地拉着刘季的手同入厅堂。

萧何生怕谎言被戳穿后刘季下不了台，就走过去提醒吕公："刘季素来喜欢说大话，当不得真。"刘季却毫不心虚，大大方方地坐到上座，和吕公谈笑风生。

吃饱喝足后，人们渐次离场，刘季也打算告辞，吕公示意他晚点再走。等酒席罢散，吕公继续与刘季交谈，谈至兴起之时，吕公对刘季说："家有小女吕雉，已到成亲年龄，愿意许配予你，不知意下如何？"

刘季已年过而立，尚未娶妻，闻听天降姻缘，心里不由乐开了花。

吕公的决定令吕媪非常生气："你常说女儿与众不同，要找个富贵人家嫁了。来到沛县，县令家的儿子提亲，多好的一桩婚事啊，门当户对，年龄般配，你都没答应，声称女儿要嫁大富大贵之人。我都依从了你，可你怎能自作主张把女儿许配给刘季？"

"妇人如何懂得？雉儿的婚事就这样定了。"

"贺万钱"纯属刘季自导自演的闹剧，可他却成了这出闹剧最大的获利者，以一张空头支票获得了"上座"的资格，还结束了"光棍"生活，得到一桩美满姻缘。

萧何管记账，见刘季如此骗吃骗喝，不禁为他捏一把汗。若等宴会结束，吕公醒悟过来，刘季只怕要惹上麻烦。因此，他极力向吕公推荐刘季，说刘季为人豪爽，仗义侠气。萧何又吃准了吕公到沛县躲避仇人追杀，最需要一个在社会上吃得开的"硬汉女婿"保护才能站稳脚跟的心理，顺势促成了这桩婚事。这样既可让他不至于陷入"未揭穿刘季"的尴尬，又免得刘季出丑。也正因为有了这层关系，以后吕雉有什么秘密，从不瞒着萧何。即便吕雉成为皇后，萧何为臣子，有这层"媒人"关系作底，两人从未产生隔阂。

第三节 "虚事做实"的吕雉

刘季虽大龄未成婚，感情经历却很丰富。比如有一曹姓女子，长期和刘季同居，还给他生下一个儿子刘肥。

对刘季来说，吕公所提议的姻缘既能提高他的地位，又可获得一定的资助，至于女人的容貌，他根本不关心。

萧何对刘季的那些"风流韵事"自然心知肚明，他怕吕家知晓后退婚，就催着吕公尽快为女儿完婚。

这一年，吕雉刚到婚嫁年龄，刘季比她大十几岁。虽然这桩婚姻谁也不看好，但大家都希望刘季能从此安分一些，好好过日子。

成家以后，刘季尽管有所收敛，但毕竟有刘肥存在，这是掩盖不住的。刘季的父母假借各种由头，经常把刘肥领到家里来。吕雉从流言蜚语以及孩子和公婆的亲昵程度看出了端倪，作为正式妻子，她本可以吵闹一场，但她却选择了隐忍，在默许中接纳了刘肥。

这件事，众人非常担心。萧何见吕雉并未计较，也十分疑惑：这女人真是让人猜不透，她究竟是逆来顺受，还是肚量大？

以前刘季不事生产，田地一直由父母代为劳作，现在他成家了，老人不再替他操心劳作，让小两口自己耕种，经营小家，也好让刘季收收心。这对刚成家的吕雉来说，是一门全新的课题，更是严峻的考验。

刘季依然懒得下田耕种，除了按时到亭里当差，闲暇时便到县城约上好友聊天，好像这才算是正事。

在娘家时，吕雉也很少下田，现在她已经嫁人成家，总不能让田地荒废吧。于是，她开始跟着大嫂、二嫂学习耕种，夜里还要承受独守空房的寂寞。这对于结婚第一年的年轻女子来说不太好受。

萧何一直担心刘季和吕雉的婚姻生活。然而一年过去了，刘季却好像和以往一样，并无任何不同。萧何暗暗佩服吕雉这个女人不简单，毕竟从富家女到农妇，是个艰难的适应过程。艰辛的体力劳动和家庭的贫富差距并没有让这个女人屈服，所以萧何也不时劝说刘季要好好对待吕雉，不要对不起吕公的信任。

很快，吕雉不但帮刘季把田地耕种得很好，还生下了一个女儿，也就是后来的鲁元公主。又过了一年多，吕雉又生下一个儿子，取名刘盈，后来继高祖之位成为汉惠帝。

儿女双全，家庭和睦，刘季也年岁渐长，若能用心经营家庭，承担起养家的责任，兼顾亭长事务，当个模范丈夫，终此一生，也是不错的选择。但他还是和以前一样，浪荡不羁，整天想着男子汉大丈夫那些"大而空"事情，彻夜不归也是常事。

时间久了，吕雉也摸透了刘季这些朋友的性格，知道萧何最是沉稳善谋，极有方略。便找到萧何，让他帮着劝劝刘季："再这样下去，只怕儿女长大后也要重复他的日子。我父亲说他不是俗人，可他天天这样胡混下去，只怕再大的富贵也混没了，再远的理想也成了一阵风。"

萧何说："他素来如此，年轻时刘公甚为恼火，却也无计可施。我可以劝劝，只怕收效甚微。"

吕雉有点发愁："萧兄不能就此撒手啊，记得你平时也常说他有远大志向，总要想个法子才是。"

萧何说："也不是没用过法子，奈何他不得志。"

吕雉低头想一想，问道："你知他懂他，他最在乎什么？"

萧何说："他当然是要腾飞的。"

"飞多高？"吕雉又问，"县令？郡守？"

萧何摇摇头说："总感觉他不乐意做这些。"

吕雉眸子里忽然露出一丝亮光："比这高？那……"

萧何就举出刘季说过的话"大丈夫当如是也"，用手往头顶举了又举。

"那我们是不是要想办法激励激励才是。"

萧何说："你是刘兄的贤内助，可静待时机，趁势开导刘兄，刘兄必能振作起来。"

吕雉敛衽行礼："娥姁①谢过萧兄。"

这天，吕雉带着一双儿女在田里忙碌。太阳毒辣地炙烤着大地，吕雉累得满脸通红，汗水不断滴落下来。坐在田间小路上的孩子，一个劲地叫渴喊饿。

吕雉走到孩子们身边，提起瓦缶，把水倒进碗里。这时，从远处走来一位老者，须发全白，衣衫褴褛，却仙风道骨。他伸出双手，对吕雉说："夫人，可否赐些水给老朽？"

吕雉看看捧在手里的水碗，犹豫了一下，还是递了过去。老人接过碗，三五口便喝去一大半，用手一抹嘴，坐在那里歇凉。吕雉赶紧把剩下的给孩子喝，然后打算回田里继续干活。

"夫人且慢，您的相貌非同一般，以后定是贵人。"

---

① 吕雉：字娥姁.

吕雉闻言一愣，顺手牵过两个孩子："老人家，帮两个孩子也看看。"

老人打量了一下孩子，又说："夫人，您因孩子而尊贵。"

吕雉听得心里美滋滋，浑身充满了力量。老人走后，她又到田里劳作去了。不一会儿，刘季忙完公差来帮忙干活，吕雉就把刚才发生的事情一五一十地讲给他听。刘季一听，扔掉手里的农具，急忙去追赶老者。追了一里多路，果然看见老者，刘季快走几步，来到老人面前，拱手作揖，虔诚地恳求道："老人家，我从中阳里赶过来，刚才您为我家人相过面，恳请您也给小民看一下！"

老人左右端详刘季，连连惊叹："您的相貌比家人的更为高贵。这种面相，世间难有，贵不可言，贵不可言啊！"

"感谢老人家，刘季日后若发达了，定当重谢！"

当天晚上，刘季难得地亲自下厨，做了几个好菜，弄来一坛好酒，陪着吕雉甜甜蜜蜜地说了许多知心话，两人一起憧憬着美好的未来。

第二天，萧何听刘季复述这件事时，暗暗告诫自己：吕雉这女人，了不得！刘季不过是说了些虚幻的"龙的传说"，心里还有些发虚。吕雉这是要让刘季笃定一个信念——他自己本来就是龙，不愧是"虚事做实"的高手。

第四节 "刘氏冠"的号召力

神龙奇异之说、老叟相面等，这些事情如一只无形的推手，加速了刘季的心理变化。又兼他早年怀揣的游侠心思，就想着应该和朋友谋点大事。

要做事，自然离不开人。若论朋友的地位、学识，首推萧何。萧何有谋事之能、成事之力，绝非碌碌无为的平庸之辈。

刘季和萧何都是土生土长的本地人，平日里常有意无意地把身边的好友、弟兄们笼络在一起。萧何先梳理了自己的人脉关系：县衙中的典狱掾曹参、狱史任敖，在泗水郡结识的周昌、周苛兄弟，还有沛县管理车马运输的夏侯婴。他从日常交谈中可知他们对时局多有不满。

刘季的好友主要有周勃、卢绾、雍齿、樊哙等人，这些人崇尚武力，驰马弯弓，各是好手。

刘季和萧何还努力扩大交友范围，搜寻更多的人加入进来。

这种原始的组织，刚开始形成的时候并没有严格的制度和明晰的目标，但因为都是本地人，又有着相同的情绪——痛恨秦朝，所以聚集到一起，就如同堆起了一堆干柴，只要在合适的时候划燃一根火柴，就能燃起熊熊烈火。

既是组织，必然有核心人物。而这股势力的中坚力量显然就是刘季和萧何。平日遇到急难或祸端，他们互相帮衬，保护亲族和自身利益。

　　夏侯婴是厩司御，主要负责管理县里的车马运输，经常赶车出城为县令办差事。办完差事后，他就绕道泗水亭去找刘季，或闲谈或饮酒，谈论的话题一般是兄弟们之间的趣事。一日，夏侯婴得知自己即将擢升，试用充任为县吏，抑制不住内心的喜悦，一口气赶到泗水亭，要在第一时间与好兄弟分享。

　　好友升迁，自当祝贺，虽然只有两人，也少不了推杯换盏，他们越喝越兴奋，醉意蒙眬间，刘季说："兄弟，祝贺你！"

　　"谢谢刘兄，虽然比不得哥哥们，但是我打心眼里高兴。"夏侯婴说着，从腰间摸出一把利刃，"这是我寻得的一把好刀。"

　　刘季伸手想要拿，夏侯婴手一缩："只怕刘兄看了，就舍不得还回来了。"

　　刘季非要看，两人滚打在一起，打累了，躺在地上呼哧呼哧地喘着粗气。休息够了，两人相视一笑，"不服？再来！"

　　突然，夏侯婴"哎哟……"叫了一声，刘季忙问道："怎么啦？"

　　原来，打闹间，利刃划破了夏侯婴的胳膊，鲜血喷涌而出。

　　本是兄弟间戏耍的意外伤害，很快就被人揭发。因为伤人有罪，而揭发有功。商鞅变法中，第一次将"告密"纳入国家律法，提倡并给予赏赐。

　　告密人到县令处状告刘季，罪名是"吏伤人"。刘季身为泗水亭亭长，负责维护亭里的治安，结果却伤了人。秦律严苛，一旦罪名落实，轻则免官，重则作为刑徒，发配边疆，充徭役筑长城。

　　大堂上，刘季矢口否认，夏侯婴为其辩白："是小人不小心摔伤了手臂，并非他人所伤。"

萧何也极力从中周旋。最终，告密人以"诬告"罪名，受到了惩罚。

告人不成反而受到惩罚，告密人心里窝着一团火，为了扳回这一局，他再次找到夏侯婴，以名利为诱饵，希望他说出实情。在第二次庭审中，夏侯婴坚决不肯出卖朋友，被冠之以"责任心不强"的罪名，蹲了一年大狱，"试补县吏"也泡了汤。

经过几番考验，刘、萧组织的凝聚力更强了，但还是欠一把火。

类似萧何、刘季等人聚成的松散组织，各地还有很多，这些组织对天下甫定的秦王朝来说，如同大江大河未集聚前的支流，每一支都是涓涓细流，但汇聚到一起却汹涌澎湃，不可小觑。

第三章

顺势而为

第一节　刘季的恻隐之心

　　娶妻生子后，刘季仍"常徭咸阳"。但他领略过帝都的繁华，见识了天子出行的华丽阵仗，发出了"大丈夫当如是也"的感叹，十分渴望获得那至高无上的权力。再加上朋友的支持以及吕雉的激励，他更加笃定自己就是"真龙天子"，渐渐不甘于现在的生活，内心里染指"皇帝宝座"的想法像野草一样疯长。

　　这几年，秦国大兴土木，加派的繁重徭役压得百姓不堪忍受。刘季带队前去送人，确实越来越危险。作为好友，萧何总是担心刘季在路上出现什么闪失；但是作为兄弟，他知道刘季有自己的想法，终归未加制止，一如既往地支持他带队送人。

这次的出行和之前有所不同：一则服役的地点有变，原先多是去咸阳附近建造阿房宫，现在是去骊山（今陕西临潼）脚下修秦始皇陵；二则服役人员不同，这次带领的不再是服徭役的农家子弟，而是披枷带锁的刑徒。

出发之际，正值秦始皇病死沙丘前夕。普天之下，"群盗"满山，"亡逃山林"者数不胜数。

这一次，刘季有些打不起精神来，看着眼前这帮刑徒七扭八歪，有的疾病缠身，有的眼泪涟涟，送行的家人神情悲戚，仿佛这一去便是踏上了鬼门关。

刘季不由得双眉紧蹙："这律法，就是吃人啊！"

萧何左右看了看，急忙把刘季拉到一旁："这话可说不得！妄议秦律，莫非你也想迁边城？"

"这次，干脆一不做二不休……"

萧何一把攥住刘季的手腕，低声喝道："休要再胡说。"又拉他到一边，低声说："等待时机。"

"这未尝不是个好机会！"刘季有些不甘心。

萧何一再嘱咐他不要冲动，以免乱了阵脚。

在这瓦釜雷鸣的时代，男儿们均是"凡有血气，皆有争心"，一直在苦苦等待时机的刘季确实有些等不及了。所以，他计划铤而走险，迈出第一步。他虽然有心将计划告诉萧何，又怕过早泄露秘密，走漏了风声，所以萧何劝说时，他就装作配合，不再反驳。

刘季带着这些刑徒从沛县向西出发，还没有走出沛县县境，就有手下跑过来向他报告有人逃跑。刘季不动声色地说："跑一两个，不碍事。"

刘季索性让队伍停下来，歇息片刻。此时他的内心，感情和理智不停地博弈。他十分清楚，如果刑徒逃跑，押送的人会被处以重刑。

那些刑徒见刘季不追捕逃跑的人，也都找机会逃跑。

途经丰邑（今江苏丰县）时，望着黑夜里隆起的黑乎乎的山脉，刘季感到一丝悲凉袭上心头：秦朝的残暴统治，什么时候才有人带头推翻它？如果我带头的话，前途命运又会怎样呢？

赶了一天的路，刑徒们都就地而卧。黑暗中虽然看不清楚人的面庞，但看着这些人翻来覆去，长吁短叹，悲怆呻吟，刘季心潮起伏。

这些活生生的人，谁不是人之子、人之夫、人之父？此去有几个能活着回来？罢罢罢，既然已无退路，何不就此放了他们，自己另谋生路去。

主意已定，刘季默默地朝着家乡的方向念道：爹！娘！夫人！委屈你们了！

接着，刘季大喊："大家不要睡了，都起来，听我说！此去骊山，路途遥远，你们去骊山做苦工，不是被累死，就是被打死，能活着回来那是万幸。现在已有不少兄弟逃亡！今天我刘季就给大家行个方便，大家各奔东西，逃命去吧！"旋即命人解开刑徒们身上的枷锁和绳索。

刘季的话，刑徒们听得真切，可不知道究竟是真是假，于是都坐在原地不动，看着刘季。

刘季转过身去，背对大家，摆了摆手："走吧，各自逃命去吧！"

有人疑惑地问："你把我们都放走了，如何向官府交差？"

刘季道："诸位逃命去了，从此我也要走得远远地！"

刑徒们也知道："普天之下，莫非王土；率土之滨，莫非王臣"。倘若被抓回去，罪加一等。左是悬崖，右是壁垒，既然左右不得脱，刘季肯铤而走险，放手一搏，何不跟着他！

此时，有人轻声嘀咕着有关刘季是龙的传闻，他们更加坚定了信念：跟着刘季，是目前唯一的活路。

于是，刘季带着这帮刑徒，迅速跑到山中隐藏了起来。

行动，是最好的进攻。刘季想起萧何曾经告诉他的《孙子兵法》里的话："守则不足，攻则有余。"他守了几十年毫无进展，如今主动"进攻"，心头反而豁然开朗！

第二节　天下大势

秦始皇三十六年（前211年），有流星坠落于东郡，在地上变成了石头，有人在上面刻字"始皇帝死而地分"，秦始皇派御史查问刻石之人，没有查到，便下令把石块附近的居民诛杀殆尽。

杀人容易，诛心却难。反秦的苗头在高压下迅速破土而出。

豪杰们或打着恢复六国的旗号积聚势力，或成为逃民聚啸山林。刘季与众刑徒即为后者。

此事在沛县引起了极大震动，按秦《亡律》：逃避某种身份与戍役去亡，当斩！不仅逃亡的刑徒和刘季按律当斩，县府要员也要受连坐之责。县令进退两难，若上报，难逃干系；不上报，等朝廷追究下来，更是罪加一等。

正在县令焦虑之际，秦始皇在东巡途中暴病而亡，无形中算救了他一命，他决定"凡事等等看"，待政局稳定了再说不迟。

秦始皇驾崩后，大秦帝国由谁来主宰，整个天下都在观望。

皇权更替，往往伴随着皇家贵胄们用刀光剑影搅动的血雨腥风。

按照秦始皇遗愿，诏令长子扶苏回咸阳治丧，意即让他即位。七月丙寅下完遗诏，秦始皇崩于沙丘平台。"书已封，在中车府令赵高行符玺事所，未授使者……高乃与公子胡亥、丞相斯阴谋破去始皇所封书赐公子扶苏者，而更诈为丞相斯受始皇遗诏沙丘，立子胡亥为太子。"①

中车府令赵高和丞相李斯一辈子对秦始皇唯唯诺诺，却在他去世后篡改遗诏，另选更听他们指挥行事的胡亥为皇帝。

秦二世胡亥即位后，在赵高的主导下，当即赐死公子扶苏。秦朝大权旁落赵高之手。胡亥无心管理国家，任由赵高等人肆意妄为，甚至修改律法，变本加厉地压榨民众。以押送服徭役人员为例，受天气、身体条件等多种因素影响，可能会延误，不能按预定的日期到达。对于误期者，《徭律》规定：服徭误期达三到

---

① 见《史记·秦始皇本纪》。

五日，只是予以警告；误期达六至十日，罚一盾；误期超过十日者，罚一甲。而秦二世变更的法律规定，戍边误期者，不问缘由，一律斩首。

胡亥、赵高等人，推行更为繁重的徭役和严苛的法律，无疑是在反秦的火焰上添了一把柴火。

秦二世元年（前209年），朝廷大力征发百姓至渔阳戍守边境。阳城人陈胜和太康人吴广被编入这支队伍中，指派为"屯长"。行至大泽乡时，天降大雨，道路阻隔。众人望着黑沉沉的天空发了愁，他们无论如何也无法按期到达指定地点，依二世之律当被斩首。

陈胜、吴广讨论后认为：既然到达渔阳后必死无疑，逃亡是一死，起义反秦也左右不过一死。既无生路，何不自寻活路？

陈胜说："天下苦秦久矣！我听说二世原是少子，本不应立为皇帝，应立公子扶苏为皇帝。公子扶苏因多次向皇帝劝谏，惹恼了皇帝，所以被派往边疆。扶苏宽厚仁慈，本无罪，却被二世杀害了。很多百姓还不知道这件事情。楚国名将项燕战功赫赫，爱惜士卒，楚地的百姓都很爱戴他，有人说他死了，有人传他流亡在外。我们现在何不诈称是公子扶苏、项燕的队伍，率天下人举事，必定有很多人响应。"吴广很认同陈胜的意见。

陈胜、吴广这一谋略无疑是高明的，他们打出本应继承皇位的公子扶苏的旗号，可以从内部分裂统治阶级，动摇政权，对矫旨篡位、不得人心的秦二世造成威胁。而用项燕的旗号，则可以得到楚地百姓的支持。

他们不仅想好了举谁的旗号，更请出天地神仙来帮忙。陈胜指使人在帛书上写了"陈胜王"三个字，置于上市的新鲜鱼腹之中。第二天清晨，被授意的士卒买到鱼后，在鱼腹中取出了"陈胜王"的帛书，众人震惊之余深深感受到了神秘力量的召唤！当晚，吴广又派人到驻地旁边的神祠中点燃篝火，学着狐狸的声音，喊道："大楚兴，陈胜王。"陈胜和吴广的鱼腹丹书、篝火狐鸣，与刘季关于"龙"的奇异之说可谓异曲同工，皆是借助"神力"博取人的信任。而这种"神的启迪"常常具有极大的煽动性，甚至带有"不可违拗"的魔力。

此前，吴广已做足文章。他平时爱惜士卒，体谅民夫，大家都愿意听命于他。

押送途中，吴广多次趁将尉喝酒之后，说些"不如逃亡"之类的话来激怒他们。将尉用竹杖殴打吴广，还拔剑要杀死吴广。吴广夺剑杀死了将尉。陈胜伺机而出，召集众士卒，大声喊道："各位在这里遇上大雨，都误了期限，误期按规定要杀头。即使不被杀头，将来戍边死去的肯定也有十之六七。壮士不死就罢了，死就要死得轰轰烈烈，难道那些做王侯将相的，都是天生的贵种吗？"陈胜的一番慷慨陈词，激起了士卒们"争当王侯"的豪情壮志，一起高呼："甘愿受命！"

于是，二人便诈称得公子扶苏、项燕密令，自称"大楚"，设坛盟誓，用将尉的头祭天，宣布起义讨秦。陈胜为将军，吴广为都尉。起义军势如破竹，占领了大泽乡，攻下了蕲县，攻克铚（今安徽濉溪）、酇（今河南永城）、苦（今河南鹿邑）、柘（今河南柘城）、谯（今安徽亳州）等地。起义军沿途招收人马，待到陈郡时，已有兵车六七百乘、骑兵千余、士卒数万人。

天下大势的天平，已经向起义军倾斜。陈胜、吴广起义后，英布、彭越、秦嘉、项羽等纷纷响应。沛县县令非常担忧，因为陈胜、吴广起义地，距离沛县最近的地方不过百余里，县令害怕起义军朝沛县进军。

眼见起义军将兵临城下，县令只想着如何自保，哪还有心思去管刘季放走刑徒这些小事。况且刘季是吕公的女婿，吕公又是县令的好朋友。他又想到萧何和刘季一伙人称兄道弟，打得十分火热，心想：这么多年，萧何帮着刘季，在我眼皮子底下做了多少事情，刘季这次放走刑徒，似乎不是鲁莽之举，而是有预谋的行动，是和朝廷彻底决裂，万一哪天他杀回沛县，不得先拿我这颗项上人头祭旗？想到这里，县令手心发冷，却也无计可施，要怪就怪自己没有早日发现刘季的反心！

第三节　奔走芒砀山

义军四起之际，刘季正领着一行人，白日里隐匿，夜里前行，一路向南，朝着芒砀山泽出发。

他们沿途经砀水支流、沼泽之地，听得见哗哗流水，却看不清小水坑，不时有人陷入软泥地，众人就互相提醒，搀扶着在山路上行进。前面探路的人忽然来向刘季禀报："前面一条大蛇挡住了去路。"

刘季一听，行至队伍前面，手起剑落，将蟒蛇斩为两截。

后边的人跟上去时，却隐隐听到有哭声传来，循声而至，见一老媪坐于斩蛇之地，便上前问道："老人家，何事如此伤心，在深夜里号哭？"

"有人杀了我儿。"老媪哭着说。

"因何被杀？"

"我儿是白帝之子，化为白蛇卧于道上，被赤帝之子斩杀了。"

明明是一条蟒蛇，哪来的什么白帝之子、赤帝之子，壮士们觉得这个老媪故弄玄虚，老媪却突然钻入夜色里，不见踪影，几人既惊惧又疑惑。第二天，大家都在讨论"老媪夜哭赤帝之子杀了白帝之子"的故事。刘季听到大家的讨论，心中暗自得意。随同的一行人，更是笃信刘季有神灵庇佑，因而日益畏之，敬之。

刘季带众人来到山顶险要处，寻一开阔地安营扎寨。壮士们砍树、剖竹、割草，就地取材，搭建茅棚。受客观条件限制，他们饮食起居简陋，整日里还要时时警惕，不叫生人发现，免不了临时紧急转移，变换藏身之处。

不久，附近村庄里被官府追逼的、无家可归的流浪汉等，渐次加入，队伍逐渐壮大。

刘季放走刑徒的消息传到沛县时，最担心的莫过于萧何和吕雉二人。

萧何在县衙里能随时了解官府动态，可对于山中刘季的消息却无从得知。他碍于身份，同时出于安全和保密考虑，不方便去寻找故友。他斟酌再三，认为能与刘季取得联系且最安全的人选，就是吕媭。

入夜时分，吕媭来到萧何家，一脸忧愁地说："眼看就有半个月了，仍不知死活，真是要急死人。"

"我料刘季有办法稳住大家，只是你要冒些险了。"萧何严肃地说。

"儿女我已安顿到娘家了，没有后顾之忧。"

"那就好，你趁夜赶三十里路，将这些吃的穿的带给他们。我倒不担心他们没地方藏身，就怕没有食物，一急之下难免做出傻事，骚扰黔首。"萧何指了指门边的一个长包裹对吕媭说。

"此去若有不测，望萧兄有心照看我那一双儿女……"吕媭站起身来就要出发。

萧何爽快地说："刘吕两家的事，请你放心。此事干系重大，我不便出头露面，也请多谅解。"吕媭虽然已经打扮成中年妇女模样，可毕竟夜里要走几十里路，沿途又常有野兽出没，萧何十分担忧她的安全。

吕媭背起包裹，轻声说："萧兄不必担心，刘季已派人前来保护我。"

"谁？"萧何顿时警惕起来，压着嗓子急促地说，"胡闹！万一走漏风声，你这不是把刘季他们往死路上逼吗？"

"是我！"一个高大清瘦的男子走进屋来。

萧何看清来人的面目后，高兴地说："卢绾，原来是你！那我就放心了。"

卢绾和刘季是同乡，而且是同年同月同日生。卢家和刘家一向交好，卢绾一直是刘季的死党。

萧何正色对卢绾说："你最好随身带把短剑，不可佩戴长剑。虽说是黑夜，也要注意，不要无端生出什么枝节来，坏了大事。"

卢绾点点头："绾谨记在心。"

拂晓时分，吕雉和卢绾来到刘季等人藏匿的山上，晕头转向，始终找不到人。吕雉急得喊起来："刘季，你这没良心的，再不出来，我真要回去了！"躲在密林深处的刘季听到叫喊，就循着声音来找，待看清楚是吕雉后，刘季一下子跳出来抱住她，亲亲热热地嬉笑着说："细君（妻），亭长想你想得好苦！"

吕雉挣扎着回转身，猛地伸出拳头朝刘季胸口砸去："你这没心肝的，我急成什么样了，你倒这般嬉闹。"

卢绾在一旁已将包裹卸下，刘季接过来，感激地说："兄弟，这一路辛苦你了。"

刘季又招呼众兄弟："快来，见过嫂夫人！"

众人一边向吕雉行礼，一边喜出望外地盯着刘季接收的食物补给。

傍晚时分，吕雉和卢绾要上路归家，刘季告诫吕雉，让萧何等人多留心县里的消息，及时通报，充当众兄弟的耳目。

之后，吕雉就常常来往于沛县和芒砀山，为刘季传递信息。

第四节　密谋夺取沛县

刘季藏在芒砀山中，外面的形势也有所发展。陈胜、吴广起义的消息传得越来越广，平日里受尽压迫的老百姓，纷纷杀掉官吏，拿着投名状，投奔陈胜大军。这个时候，起义的广大地区已经陷入混乱之中。"家自为怒，人自为斗，各报其怨而攻其仇，县杀其令丞，郡杀其守尉。"①平日里有仇怨的，趁机报复，了结恩怨。不少县令、郡守也被夺取性命。

沛县当然也不是平静之地。萧何认为应该到芒砀山找刘季商量举事。于是，他换上灰褐色麻布衣服，戴上冠冕，背着包袱，在樊哙的陪同下，星夜兼程，朝芒砀山奔去。

萧何之所以叫上樊哙，有个重要原因：此前经刘季做媒，樊哙迎娶了吕雉的妹妹吕媭。因为这层关系，樊哙已多次来往芒砀山。

萧何与刘季一见面，顾不上寒暄便直奔主题。

"萧兄，整日窝在这里，身上都长毛了。干脆现在冲出去，打回沛县，捣了县令的老窝。"刘季叉着腰，伸出手朝沛县方向指去。

萧何点点头："当然要打回去，我这次来就是为了商量如何打。"

---

① 见《史记·张耳陈馀列传》。

"我手下几百号兄弟，操练也有一段时间了，打回去易如反掌。"

"有多少戈，多少戟？刀剑各有多少？"萧何问道。

刘季顿时愣住了，结结巴巴地说："兄弟们手里的兵器确实不多，有的甚至就是木棍。"但他又嘴硬地说："我们可以从县令手里夺取嘛。"

萧何摇摇头，分析道："沛县城池即便不坚固，夯土也有丈余，且城内粮草供应充足。守城的士卒人数虽不算多，但与我们抗衡足足有余。这些士卒、材官，弓、弩、箭充足，戈、矛、戟齐备。如果战事紧急，还有可能发动城中的老百姓共同御外。综合人力、粮草、武器装备等条件，双方实力悬殊，万一不能够速战速决，别的郡县再过来支援，内外夹击，那时我们就危险了！"

刘季一听，眯起眼睛问道："依你之见……"

"既然要举事，我们当然不惧县令。如果强攻，须从芒砀山快速到达沛县，体力消耗大，又没有足够的粮草作后盾，必须速战速决。"萧何说。

"那就速战速决！"刘季果断地说，"我就喜欢快刀斩乱麻。"

"以现在双方的力量对比，我们很难做到速战速决。"

"萧兄何以如此长他人志气，灭自己威风！"刘季涨红了脸。

"县尉有三个，各据守城南、东、西……他们一定会拖延时机，等待救援。"萧何说，"强攻是下策！"

"那依萧兄之见，上策是什么？"

"智取！"

"如何智取？"

"面对现在的形势，县令更在意自己的小命，时刻在考虑自己的退路和出路。我和曹参在县府向县令进谏，取得其支持，然后我们再里应外合，不战而屈人之兵，可一举拿下沛县。"

"萧兄高见！"刘季赞道。

随后，萧何告别刘季，匆忙折返沛县。

眼见各路起义军纷纷揭竿而起，沛县县令内心充满了惊惧和恐慌。他深知沛县地处交通要塞，历来为兵家必争之地，陈胜、吴广的起义军近在咫尺，只要派一支偏师就可攻破城门。他倒是想响应陈胜、吴广，可身为秦朝官吏，拿着俸禄，去响应大泽乡起义，一旦起义失利，前程事小，性命事大。按《亡律》将满门抄斩，岂不是要落得个断子绝孙的下场？

县令、县丞、县尉均非本地人，县令怕他们也和自己一样举棋不定，遂想到了自己的得力助手且又是本地人的萧何。

所以，当萧何与曹参不请自来时，县令并未产生疑心，问道："陈胜、吴广自举事以来，各地郡县都响应起义，你们看这些人能成功吗？"

萧何趁机吓唬道："秦灭亡是早晚之事，识时务者为俊杰，大人还是早做打算为好。"

县令点了点头："依你之见，应该如何做？"

萧何看着县令，欲言又止："仆有一言不知当讲不当讲。"

"但说无妨！"

萧何委婉地说："公身为秦朝官吏，却响应大泽起义，公然背叛朝廷，恐怕沛县的子弟也不会听从。只怕事情还未成功，公的脑袋就……"

县令忙问："那该怎么办？"

萧何一字一顿地说："公可以召回沛县在外逃亡的队伍，如此可得到数百人，借助他们的力量来挟制县里的民众。"

县令听了铁青着脸，半晌没有说话。萧何揣测县令的底牌，深知他眼下也没有更好的办法。果然，县令的脸色渐渐缓和了一些，便对萧何说："言之有理，速速派人找到刘季，让他回来共议大事。"

"小人这就安排。"萧何和曹参一起恭谨地退了出去。

萧何随即找到樊哙，吩咐他说："你这就去芒砀山，找到刘季，让他带领队伍，速回沛县，共商举事大计。"

事情比预想的顺利，萧何的心头浮现一丝隐忧，于是一边派人向刘季传递消息，一边留意县令的举动。

刘季左等右盼，终于盼来了好消息，他立即整顿队伍，浩浩荡荡朝沛县而来。

没想到县令在萧何与曹参离开后，心里犯了嘀咕：刘季向来豪放不羁，又善于结识地方豪杰，萧何、曹参等人都是他的朋友，又有岳父吕公……若把刘季放入县城，岂不等于引狼入室？

想到这里，县令不寒而栗，下令紧急关闭城门，全城戒备，同时暗中命人准备杀掉萧何和曹参。

第四章 揭竿而起

第一节 沛县聚众举事

未等县令动手，萧何、曹参已提前得到消息，连夜逾城而逃。

二人跑了一段，正好遇到匆匆赶来的刘季，于是把城里发生的变故告诉他。刘季听了破口大骂："这老不死的，我刘季必取他性命！"

事已至此，他们只得重新计议。

县令之所以反悔，是因为惧怕刘季的实力，萧、刘多年来积聚的反秦力量，已是半公开了，县令担心无法控制局面，毕竟他仍然想要掌握沛县的绝对领导权。

　　夜幕四合，沛县城外空旷而寂静，刘季、萧何和几个弟兄悄悄来到城墙附近。此时城门紧闭，城墙上人影绰绰。卢绾惊呼："哥哥们，守城的比平时多了好多！"

　　萧何、曹参在县府多年，对城中的虚实了如指掌。萧何说道："城中原有的兵卒如果分配到几个城门，各处的人都不会太多。现在各郡县都自顾不暇，不可能来支援沛县。守城人数陡然增多，应该是临时集合起来的平民。"

　　刘季说："既然如此，我们直接攻取不就行了。"

　　萧何急忙制止："刘兄切莫鲁莽行事！"

　　刘季问："那该怎么做？"

　　萧何道："现在城中人心浮动，谁还甘愿为县令卖命守城？如果我们写一封告谕书，晓之以情理，动之以利害，让百姓起来响应，那样的话，我们就可以兵不血刃地占领沛县。不过，还有一个难题……"

　　"什么难题？"

　　"现在城门紧闭，得想想如何把告谕书送进去。"

　　刘季听了高兴地说："小事一桩，这个我有办法！"

　　于是刘季用帛写了封信，用箭射到城上去，对城中父老说：

　　"天下苦秦久矣。今父老虽为沛令守，诸侯并起，今屠沛。沛今共诛令，择子弟可立者立之，以应诸侯，则家室完。不然，父子俱屠，无为也。"[①]

---

① 见《史记·高祖本纪》。

信中告知城中父老乡亲当前的严峻形势：起义军已经抵近，并非只有刘季一支队伍马上就要攻打沛县，兵临城下的形势已刻不容缓。短短几句话，就给守城百姓造成了极大的精神压力。

紧接着，话锋一转，他给百姓们指出一条明路——你们若是杀了县令，推举本地有威望的人带领大家，共同投奔起义军，则每个人的家庭都可以不受侵害。不然的话，父子都要被杀死，这是多么悲惨的事情啊！言外之意是：刘季的军队不是攻不进城，而是不想伤害大家，一旦真的攻城，你们都会被杀害！谁愿意看到如此血腥的场面？

刘季命人将布帛裹在箭杆上，把告谕书射入城内。守城的军民看到帛书，都聚拢到一起，商量何去何从。

杀县令，是大家讨论最多的。可杀了县令，跟着刘季，究竟行不行？有些人犹豫不决，但又一想，萧何、曹参等县衙官吏也都成了刘季军中的成员，他们总不会糊涂吧？

沛县的民众早已对秦朝苛政不满，于是自发组织起来，火速倒戈，趁着夜色攻进县衙，将正在睡梦中的县令杀掉，然后打开城门迎接刘季进城。

杀死沛县县令后，经萧何首倡，大家一致推举刘季当县令。刘季却谦让，推荐萧何。

萧何顾虑重重，他于是高声说道："刘季乃赤帝之子，自当领导大家。再说，当县令需要有杀伐决断的魄力，我虽在县府多年，有些许成绩，但过于保守和心软，不堪重任。我觉得还是刘季当沛令更合适。"

萧何抬出"赤帝之子"这面旗帜，一下子赢得了众人的赞同。有老者站出来说："平日里就听过很多关于刘季的神奇传说，都说他是贵人。不如卜算一下，问问天意。"

天意其实也是人心。卜筮的卦辞，刘季最吉！

刘季心中暗喜，可他觉得应该推让一番才能更得人心。所以他一脸为难，再三推辞，终究拗不过众人，只好就任。

沛县旧属楚，按照楚国旧制，国君称"王"，县宰称"公"，陈胜已经自立为"楚王"，刘季是起兵响应陈胜，就主动降级，自称"沛公"。

人群渐次散去，剩下刘季和萧何，两人默默相视。萧何忽然想到一个问题，对刘季说："刘兄，建议你重新起个名字。以后做事情，一来有个响亮的名号，二来也给大家一个信心。跟着你，做邦国大事！"

刘季心领神会："既然是邦国大事……容我想想……就叫刘邦可好？"

"好！邦，国也！"萧何赞道。

刘季说："不过，也不能丢了'刘季'。这样吧，以后我大名刘邦，字季！如何？"

萧何竖起拇指："妙！"

夜里，萧何独自待在房中。屋外秋风骤起，榆树叶子哗啦啦作响。萧何站起身来，伫立在窗前，心潮起伏：选对路，自己做到了！不过选对路只是第一步，"扶定人"才是今后很长时间要做的事。

萧何拿定主意后，开始和刘邦商量细节，准备大张旗鼓地做沛公该做的事情。

他们在县衙庭院中筑起祭坛，设黄帝和战神蚩尤的牌位，摆上整猪、整牛、整羊三样祭品。战鼓和旗帜都用牲畜的鲜血染成红色，告谕大众：赤帝子杀白帝子，赤帝子就是刘邦，故将鼓和旗帜均染成红色。

苦等数年，终于迎来大转机，刘邦没有时间感慨，迅速布置扩军、安民、守城、外略诸多事宜。他召开了就任后的第一次全体会议，他说：

"诸君，现楚王已遣四路兵马击秦，又闻项梁叔侄起兵于会稽，各路起义军从之如泉。今秦朝气数已尽，正是我等建功之时，诸君才干亟当效用。今日，授萧何为丞；曹参、周勃为中涓，掌握中军禁卫部队；樊哙、周緤为舍人，随时充当出征军吏；周昌为职志，掌握旗帜；卢绾、周苛为宾客，随军参谋；夏侯婴为七大夫爵，掌车马。我等一起出力，推翻暴秦，匡扶天下！"

见众人无异议，刘邦又下令："萧何、曹参张榜安民，征召沛县子弟；樊哙、周勃、夏侯婴，编练现有人马，准备攻打胡陵、方与，其他人员另有派遣。"

这是一次里程碑式的会议，刘邦起义军的领导班子就此建立起来，为将来逐鹿天下、建立汉帝国奠定了组织基础。

表面上看，是刘邦给大家安排职务，授予官职。其实每个人心里都明白，刘邦和所有人的职位是平等共存的，并没有谁大谁小之说。这些人之所以在乱世中紧紧追随刘邦做事，是基于一种平等的信任关系。这种信任关系的来源，正是刘邦多年树立的"任侠仗义"的形象。所以后来刘邦入蜀时，其他诸侯及将士仰慕并追随他的多达数万人。刘邦建立汉朝后，再次恢复了秦朝早已摒弃的诸侯分封制，他虽贵为"皇帝"，却和其他诸侯王共享国家福利，这是他"任侠仗义"思想的延续。

萧何和曹参一面张榜安民，一面在城内设置征兵站。听闻沛公起义招兵，那些早已不堪重负的百姓纷纷来投，短短几天内就征得兵卒数千人。

这些新征的兵卒，被整编到原来的队伍中，由樊哙、周勃、夏侯婴统一操练。

刘邦率兵去攻打与沛县毗邻的胡陵、方与两座县城，守城的秦军拼死抵抗，一时难以攻下。刘邦考虑到义军队伍初建，战斗力有限，决定先撤回沛县丰邑，严加操练，调整后再战。

听说刘邦在沛县聚众起义，泗水郡郡守壮恐慌不已，连忙派郡监平统兵进剿。郡监平压根没有把义军放在眼里，向郡守承诺："刘季本就一流氓，手下也是一群乌合之众，大人无须焦虑，只管等我的好消息。"他带了几千郡兵，杀气腾腾开往沛县，在丰邑包围并围困刘邦军两天。刘邦见敌军虽气势汹汹，但狂妄自大，于是在夜间趁敌不备，率众出城，向秦军发起猛烈进攻。秦军被冲得七零八落，郡监平落荒而逃。这次胜利极大地鼓舞了起义军的士气。

为了扩大战果，刘邦让一个部将留守丰邑，自己则率得胜之师攻打沛县东北的重镇薛县。丰邑是刘邦的出生地，他十分重视，挑选了一名出生于丰邑的勇将——自己的好兄弟雍齿，给了他足够的兵力驻守丰邑。

泗水郡郡守壮见郡监平在沛县败北，薛县又再度告急，亲率军马前往薛县击杀刘邦。刘邦来了个撤围打援，组织义军在半路设下埋伏。郡守壮进入口袋阵，大败，领着残兵败将仓皇退往戚县。刘邦部属左司马率精锐部队穷追猛打，擒获了郡守壮，将其当众斩首，义军士气大振。刘邦回师亢父县，前锋又至方与城，秦军望风而逃。刘邦的军队愈战愈勇，所向披靡，名声大噪。

第二节　加入项家军

当时，反秦的起义队伍主要有陈胜领导的起义军，项梁、项籍的起义军，旧魏国的魏公子魏咎军，燕地的韩广军，旧齐国王族的田儋军等。他们光顾着抢占地盘，争夺利益，将反秦大计置于脑后。

陈胜领导的起义军发展迅速，但在部将周文带领的十万大军被秦将章邯打败瓦解后，这支起义队伍就一蹶不振。刘邦和项梁叔侄的军队很快成为起义军的中坚力量。

正当刘邦不断取得胜利的时候，他的后院起火了——留守丰邑的雍齿反叛。

已经称王的魏咎派魏相周市四处略地。周市劝说雍齿："将军，丰邑的人都是从大梁（魏国都城）迁移过来的，魏国决不会放弃丰邑之地。魏国已经收复了几十座城，实力大增，非过去能比。将军如果愿意归顺魏国，魏王封你为侯，仍旧守卫丰邑。若不识时务，继续为刘邦效劳，魏国大兵一到，攻破城池，血洗丰邑，全城都将遭殃。愿将军好自为之！"

雍齿出身豪强，平时就看不起刘邦戏谑他人、说话粗鲁，于是果断献出丰邑，更旗易帜，投靠魏国。

刘邦士气正盛，听到这个消息后怒火中烧：自己辛苦打下的城池，岂能拱手送人？他火速带领队伍，回来攻打丰邑城。

刘邦对着城墙上的守卒大声喊道："上边的听着，叫雍齿滚出来回话！"

雍齿立在城墙上，不屑地答话："我当谁在城下撒野，原来是无赖刘季！"

刘邦火冒三丈，厉声呵斥道："雍齿，快点打开城门，迎接我等进城。沛公我大人大量，你投降周市的丑事可以既往不咎。"

雍齿心中清楚刘邦肯定轻饶不了自己，所以他也不废话，"嗖"地射出一支冷箭，正扎在刘邦马前的地面上。刘邦怒火冲天，下令攻城，并承诺谁能取雍齿首级，赏金百镒。

雍齿凭借坚固城墙顽抗，疯狂地射箭、落石，刘邦见士兵倒下一片，伤亡惨重，只好收兵。

"区区一个雍齿，吾必取之！"第二天，刘邦组织力量再次攻城，仍久攻不克。雍齿站在城墙上，大声奚落道："刘季，往日你是街头无赖，如今，你更成了丧家之犬！"雍齿的部下哄堂大笑，喊道："刘季刘季，丧家之犬。早早投降，饶你不死。"

　　平日里，刘邦虽有唾面自干的胸怀，可此时淤积于胸的仇恨让他咽不下这口恶气。他打听到秦嘉立楚国贵族景驹为"假王"，驻军于留县，遂往投景驹，打算借兵攻打丰邑。

　　刘邦行至下邳，遇到了带着数百人也去投奔景驹的张良。

　　这个张良就是曾在博浪沙刺杀秦始皇的英雄，刘邦对他仰慕已久。一路同行，两人相谈甚是投机。张良为刘邦讲起《太公兵法》，刘邦越听越入迷，对张良愈加崇拜。张良此前多次给他人讲述《太公兵法》，但听者都不解其意，而刘邦却一点就通，张良无限感慨地说："沛公果然智慧超人，此乃天授！"

　　张良索性将部众交给刘邦，刘邦当即封张良为掌管车马的厩将。这个职位相当于旧楚国的宫厩尹，平时掌车马骑射，保卫王宫，战时随王出征。可见刘邦对张良的信任。

　　张良分析当前的形势，建议刘邦先打秦军，再打雍齿。

　　刘邦果断接受，不再纠结于消灭雍齿，与秦嘉合兵后，迅速迎击秦军于萧县西，但没有得胜。刘邦返回留县，经过休整后转攻砀郡，三日拿下砀城，队伍扩大至九千人，又得了下邑。回师途中，他再次攻打丰邑，再败。

　　此时，打着楚国正统旗号的是项梁起义军，但项梁只是自称楚军，而不敢号称"楚王"。因为他是楚国贵族，岂敢轻易称王？这是骨子里对王室的尊敬。

　　项梁听闻秦嘉立景驹为楚假王，认为这是大逆不道，于是率十万人马强攻，最终秦嘉战死，景驹败亡。

　　刘邦见势头不妙，与萧何率百余名亲信，星夜投奔项梁。刘邦在这种关键时刻投奔，让项梁叔侄认为刘邦很识时务，极力表扬。刘邦趁机提出借兵之事，项梁慨然应允，调派五千人随刘邦去攻打丰邑。

第三节　攻克丰邑城

雍齿之所以能够抵御刘邦的一再攻击，主要原因有三：首先，他也是沛县人，和刘邦一样具有本地人优势，熟悉沛县的人文和地形；第二，雍齿出身豪强，平日里团结朋友，身边也集聚了一群拼死相随的勇士；第三，雍齿的武功比刘邦强，这在混战时期的表率作用是十分明显的。而且雍齿及其手下都知道，一旦刘邦攻破城池，他们势必会被以叛徒罪处以最残酷的刑罚，因此拼死抵抗。

刘邦和萧何很明白击败雍齿的重要性，尽管他们已经攻下诸多城池，但却迟迟无法制服家乡的这股反叛力量，继续拖下去，很可能会导致军心动摇。

这一次，刘邦兵精粮足，让士卒摆开箭阵，轮番进攻，不给守城的士兵以喘息的机会。在箭阵的掩护下，士卒抬着巨大的树干，用力撞击城门。

强弩之末的雍齿带着贴身卫士弃城而逃，仓皇投奔魏王魏咎。

丰邑城终于攻克了，于旁人而言，收复失掉的城池，无疑是一件大喜事，可是刘邦却一点也高兴不起来，心里五味杂陈……

这算成功吗？刘邦在心里不断地问自己。他坐在雍齿留下的军帐内，仰头闭目，心如坠铅。军帐外，嘈杂的脚步声和军卒庆祝胜利的呐喊声交织在一起……隐约中，他又看到了熟悉的场景：樊哙在屠狗，夏侯婴在舞剑，雍齿撕扯着牛肉，一群兄弟谈笑风生，酣畅地饮酒……

为何自己的朋友会反叛？他图什么？地位吗？如果他明说，这个"沛公"就算给他，又有何妨！财富？雍齿也不是那种贪财之人啊！

刘邦百思不得其解，这时身旁传来一声轻叹："人心难测，不必太过伤神。"

刘邦定睛一看，萧何正无声地整理地上散落的铠甲片、竹简和箭矢。

"为什么？萧兄，你说。"刘邦叹道，"难道自己的弟兄也不值得信任？那我们还能相信谁？"

"知人知面不知心，出去吧。"萧何拍了拍刘邦的肩膀，"真正的兄弟正在帐外等着庆功呢。"

刘邦起身，与萧何走出军帐。

刘邦没有在丰邑停留，此时此刻，他甚至一眼也不想看丰邑城这个出生地。这个地方让他伤透了心。他想不明白，为何与自己血脉相连的故乡百姓，竟会如此麻木，宁愿帮助雍齿这个小人也不肯助自己。

带着无尽的悲怆，刘邦离开了丰邑，赶往沛县。这个仇恨和屈辱，他到死也牢记在心。多年以后他以一国之君的身份回乡，宣布永久免除沛县赋税、徭役，老百姓可以世世代代不交税、不当兵、不服劳役，却唯独不肯施恩于丰邑。

他说："丰吾所生长，极不忘耳，吾特为其以雍齿故反我为魏。"[1] 这话说得够直白了：丰邑是朕成长的家乡，最不能忘，朕所以不免丰邑赋税，只为雍齿的缘故，雍齿居然反朕而投魏！

后来，在沛县父老的苦苦恳求下，刘邦勉强免除了丰邑的徭役，但他坚决不肯回丰邑居住。

刘邦攻下丰邑返回沛县后，长期作战的体能消耗，加上急火攻心，使他一下子病倒了。兄弟们放心不下，纷纷赶到沛县来看望他。

"大家放心，已服下药汤，无碍的，沛公就是太劳累了。"萧何安慰大家。

听萧何如此说，大家都放心了，说："那我们就不打扰了，让沛公好好歇息。"

众人散去，室内只剩刘邦和萧何两人。"萧兄，你会不会有一天也反叛我？"刘邦忽然睁开眼睛，看着萧何，没头没脑地来了一句。他后来登基后还真怀疑过萧何几次，也许正是从这时起，他的心里就埋下了多疑的种子。

"路是我自己选的，决不会后悔。我会尽毕生之力扶持你，请刘兄放心！"萧何信誓旦旦地说。当然，他后来也确实没有违背自己的诺言，一生忠于刘邦。

---

[1] 见《史记·高祖本纪》。

后来刘邦停留家乡时，创作出了著名的《大风歌》：

大风起兮云飞扬，

威加海内兮归故乡，

安得猛士兮守四方！

当他回首来时的路便会发现，替他守护天下的，正是从家乡
一路追随他的萧何。

第五章

韬光养晦

第一节　楚怀王之约

项梁叔侄这支义军，核心人物是项梁，冲锋陷阵则全靠项籍。

项梁的父亲是赫赫有名的楚国名将项燕，被秦国大将王翦所杀。

项籍，字羽，是项梁的侄子。

楚国被秦灭后，项梁叔侄住在下相（今江苏宿迁）。项羽少年时读书，一无所成；后习剑术，亦无成就。项梁很生气，项羽却理直气壮地说："读书只不过是知道名字怎么写罢了，学习剑法也只能够抵挡一个人，没必要学。要学就学能够抵挡万人的本领。”项梁见侄儿要学能对抗万人的本事，心中欢喜，遂教他兵法。

秦二世元年（前 209 年），反秦的烽火燃遍中原大地，项梁叔侄借机杀掉会稽郡郡守，起兵反秦。

当时，“楚虽三户，亡秦必楚”的谣谶在楚地广泛流传，老百姓听说项燕的后人起兵反秦，群情高涨，奔走相告，所以项梁叔侄很快就聚集了吴中子弟八千多人，然后收复了附近的几个郡县，平定了江东。

陈胜兵败后，项梁又接纳了陈婴的两万余人和英布（又称黥布）、季布、钟离昧、虞子期、桓楚、于英等部众，由原来的八千人扩展到七万人。这支庞大的队伍行至下邳，杀了秦嘉及其拥立的假王景驹，打了起义以来最漂亮的一个大胜仗，兵进薛城。

此时，项梁得知陈胜已死的消息，便召集部下将领到薛地商议大计。刘邦作为项家军的成员，也带着张良、萧何前往。

在会上，项梁率先提出：“陈王已死，国不可一日无主，我们应该共推一个楚王出来。”

项梁话音刚落，就有人接口道：“将军，您做楚王吧！”项梁当然也愿意做王，可他自知这样做有悖楚地百姓的期望，左右为难之际，有士卒前来报告：“居鄛人范增求见！”项梁早听说“居鄛人范增，年七十，素居家，好奇计”，忙出帐迎接。

范增为项梁分析道：“陈胜起兵，不立怀王的后代，自立为王，所以不能长久。将军若立楚王后人为王，天下诸侯必然响应。”

项梁欣然应允，之后他费了九牛二虎之力，从乡下寻到早已沦落为牧羊人的楚怀王之孙熊心，立熊心为楚怀王。

楚王既立，事情也就名正言顺了。楚怀王拜陈婴为上柱国，项梁自号武信君。为维护这难得的"楚国血脉"，陈婴陪楚怀王迁往相对安全的盱台（今江苏盱眙）。

楚怀王成为这支起义军的精神领袖，实权则掌握在项梁手中，他要"挟楚王以令诸侯"。

项梁复立楚王后，各国旧臣纷纷效仿，赵、魏、齐、燕四国均复国立王。

张良借机游说项梁立韩国公子韩成为韩王，韩王拜张良为韩申徒。

立了两个"王"的项梁，命张良和韩王一道率领千余人向西进攻。

张良复韩心切，不得不与刘邦分别，捧着微弱的希望之火种去点燃复国的火炬。

楚怀王上台后，新的战争格局逐渐形成。

项梁主力挥师北进，与齐国田荣军队在东阿合击秦国章邯军队，章邯军被迫退至濮阳。项梁军又向西到定陶，大破另一支秦军。

项羽、刘邦率领的军队一路向西，杀掉了秦三川郡郡守李由。李由是秦国丞相李斯之子，他的死使秦国朝野震动，又兼章邯大败，消息传开后，秦军军心动摇。

连获大胜的项梁面有骄色，逐渐轻视秦军。大将军宋义苦苦相劝，但项梁嫌他啰唆碍事，派他出使齐国。项梁最终在下一场决战中丢了性命。

项梁战死后，士卒惊恐，项羽、刘邦连忙跟将军吕臣引兵向东,将楚怀王由盱台迁至彭城(今江苏徐州)。吕臣驻扎在彭城东,项羽驻扎在彭城西,刘邦驻扎在砀郡。

楚怀王并不想当傀儡,企图在变局中掌控实权,于是趁机合并了项羽、吕臣的军队,他自己担任统帅。同时封吕臣为司徒、项羽为鲁公;以刘邦为砀郡长,封武安侯,统率砀郡兵。

这段时间,萧何任沛丞,替刘邦守砀郡,总理后勤及庶事,积极供应粮草军费,保证了刘邦军队的后勤,也抬高了刘邦在楚国军团中的地位。因为当时表面上都是楚军,但粮草、军费供应却要由各军队自行筹集,后勤供应充足,是治军有功的表现。萧何发挥自己在本地经营多年的优势,打开郡县仓储库门,又积极发动地方豪强捐粮献钱,让大家明白一个道理:捐粮保沛公,就是保家乡!大家也逐渐想明白了,家乡落入他人之手,肯定不如在沛公的保护下安全,所以纷纷主动捐献。

这时,楚怀王准备派部队西击咸阳,直捣秦朝老巢。这种大胆的设想一旦付诸实施,对秦朝绝对是致命的打击。

楚怀王下令,上将军宋义和次将项羽、末将范增组成北路军,以宋义为统帅,号为"卿子冠军"①,进攻咸阳;又命刘邦、萧何等率一路军为西征军,同时进攻咸阳。

楚怀王还约定:两路大军,谁先进入关中,就立谁为关中王。

萧何心想,放过羊的楚怀王懂得挥鞭子驱羊,自诩棋高一着,设立游戏规则,无形中抬高了自己的地位。刘邦日后必然会与项羽发生争执,自己应当未雨绸缪才是。

---

① 卿子:当时对男子的敬称。冠军:类似最高统帅。

第二节　刘邦团队的软实力

北路军在宋义的统率下，到达安阳，一连四十六日停滞不前。项羽入关心切，规劝无果后，诈称宋义阴谋反楚，提剑杀之。楚怀王无奈，只得任命项羽为上将军。

之后，项羽引兵渡河，皆沉船，破釜甑，烧庐舍，持三日粮，以示与秦军决一死战。项羽率兵九战九胜，断绝了秦军的粮道，杀死了苏角，活捉了王离。这就是著名的巨鹿之战，也是项羽的成名之战，因此战众将领对项羽又敬又怕。

另一边，刘邦带领萧何、曹参与砀郡兵，出发西征，虽接连击破阳城、杠里、成武的秦兵，但由于实力不够，攻占城邑后又得而复失是常有之事；遇到坚固的城池或者大股秦军则难以取胜，还损兵折将。

刘邦团队不得不改变战术，采取了几个策略。

策略之一：劝降为主。

刘邦引兵到达高阳城（今河南杞县）时，谋士郦食其加入其团队，亲自入陈留城劝降，轻松攻取陈留。这种办法既节省了兵力，又得到了重镇，一举两得，大大加快了刘邦的进军速度；同时还收编了郦食其弟弟郦商手下聚集的四千人。

策略之二：绕道而行。

刘邦领军来到平阴（今河南孟津），前行就是函谷关。萧何提出建议："从平阴一路向西，虽有驰道，便于行军，但也有秦重兵把守，如此直取咸阳，非明智之举。"

此时，复国不成的张良再次加入团队，他附和萧何说："我们可绕开函谷关正面，改西征为南下。"

"南下如何走？"刘邦问。

张良接着说："攻宛城（今河南南阳），经南阳，入武关。"

"秦哀公派兵解围申包胥，走的也是这条道。百里奚被晋国俘虏后，亡秦走宛，走的也是武关道。"萧何发挥自己熟知历史的优势，借古鉴今地分析道。

刘邦拍手叫好："妙！向南迂回，走武关之道，既可避实就虚，还可借秦兵的正面力量阻滞项羽。古为今用，必定可行。"他始终牢记这场比赛的规则——谁先入咸阳，谁就是关中王。

策略之三：调整策略。

按照既定的迂回战术，首先是南下攻打宛城，但没有成功，刘邦认为干脆绕过宛城而继续向西。张良看到了危险："沛公急于入关，秦兵尚众，而且据守险要之地。如果攻不下宛城，到时宛城军从后攻击我们，前面则是强秦军队，这条道就十分危险了。"

萧何也不无忧虑地说："我们现在的粮草补给线太长，基本靠就地征收，必须速战速决。如果被围困，将更加危险。"

刘邦采纳二人的提议，果断作出战略调整，率军趁着夜色杀了个回马枪，对宛城围而不攻，守城的南阳郡守最终归降，刘邦承诺秦将保留其原职不变。这一稳定人心的做法，令南阳郡各县县令消除了顾虑，纷纷主动请降。刘邦不但军威大振，还充实了物资和军粮。

策略之四：用活外交。

刘邦军队顺着驰道一路急奔，来到武关、峣关、蓝田三道纵深防线前，奈何三关城坚粮足，强攻不易得手。

萧何劝谏刘邦："攻城虽急，但粮草问题更急，主公还要另想办法。"

刘邦甚为头疼："我何尝不知道粮草的问题，可眼下有何妙计？"

萧何暗示道："公有纵横之士无数，嘴皮子最为厉害，若用他们的长处，会有意外收获。"

刘邦遂与张良合谋，派郦生、陆贾去说服秦将，同时加紧进攻武关。武关被攻克时，说客也取得了成果，秦国最后的防线被突破了。

此时的刘邦，没有项羽的队伍声势浩大，但军中的人才储备却远远高于项军，政治和管理上有萧何，军谋有张良，外交有郦食其、陆贾等。

巨鹿之战之后，秦军精锐土崩瓦解，项羽威名大震，各诸侯军共推项羽为盟军上将，拥兵四十万。此时章邯驻军于棘原，项羽驻军于漳南，双方对峙达七个月之久，最后章邯兵败归降项羽。章邯的顽强抵抗使刘邦得以率先进入关中。

秦王子婴元年（前207年），岁首十月，子婴素车白马，封皇帝玺符节，在轵道旁投降，恭迎刘邦队伍进入咸阳。

楚怀王当初只准备派宋义一支队伍进攻咸阳，有人劝他说：

"项羽这个人很残暴，曾经在攻破襄城后进行屠城，所以要时刻防备。不如再派一支军队做后备军，万一北路军不听您的话，还有这一路军作为保障。"楚怀王这才又派刘邦队伍作为备用军，但所有人都认为，这支军队根本不可能提前进入咸阳。

结果，在萧何、张良等人的辅佐下，刘邦在西征中华丽逆袭，率先进入咸阳，手握四十万雄兵的项羽随后才破关入秦。

第三节　挡住"王关中"的诱惑

曾经高高在上的秦国皇帝子婴，如今成为阶下囚，如何处置呢？

樊哙瓮声瓮气地嚷道："暴秦残害天下百姓，不杀子婴难解我心头之恨。"

"对，杀了这小皇帝！"其他将领也附和道。

"且慢！"萧何伸手制止，转身对刘邦说，"子婴杀不得！我们刚入关中，秦地百姓本就畏惧，杀一个子婴事小，若秦地百姓人人惶恐，让沛公背上恶名则得不偿失。"

众将士听了萧何的话，默然无声，等待刘邦表态。

刘邦环视众人一眼，说道："当初怀王派遣我前来这里，是因为看重我为人宽容，如今子婴已降服，再杀了他并不好。"

萧何点点头。这正是他考虑到刘邦的地位和处境得出的结论，为人臣子就应当时刻替主公设想。

五十多岁的刘邦，从农民摇身一变，成为起义军首领，如今来到咸阳皇宫，看到高大巍峨的宫殿、随处可见的金饰铜器、柔软丝滑的锦缎、贮藏无数的奇珍、雕工精湛的漆器……这些他都只是在梦中想过，现在就在眼前，他一下子走不动了，当即就要躺在这富贵堆、温柔乡里。"大丈夫当如是也"！幸福已至，何必再折腾呢。

也许是见刘邦贪恋财物，诸将领也卸下了自我管束，争先奔向储藏金帛财物的仓库去分东西，唯独萧何先去把秦朝的法律诏令和图书文献收藏起来。

樊哙见刘邦数日只管享福，心直口快地说："沛公是想拥有天下，还是想当个富翁？秦正是因为奢靡享受才走向了灭亡，希望您不要再留在宫里，速速还军灞上。"

刘邦听了樊哙硬邦邦的话，十分恼火：这家伙莫不是诅咒我？

张良也劝道："忠言逆耳利于行，良药苦口利于病。愿沛公听从樊哙的忠言。"

这种逼迫式的规劝虽然出于善意，却等同于揭短，刘邦自然不肯就范，故意不表态。

萧何知道，规劝最忌讳弓拉得太满，拉满了弓，不射出箭自己难受，射出去就会伤人，无形中就形成了"决战"的尴尬场面，谁"服输"就等于承认错误。刘邦刚刚取得大捷，最看重自己的面子。

从刘邦那粗重的呼吸声中，萧何听出了不满，他呵呵一笑："天下尚不稳，还有很多大事要做，沛公志存高远，心中自有分寸，大家莫慌。"

最善转变的刘邦见有台阶可下,面色缓和了一些:"就是嘛!莫非我还会待在这床榻上睡一辈子!"他趁机摆摆手,又说:"咱们都'滚'出去,让萧丞好好封存宫里府库。他早就想当少府,急得嘴上都起泡了……"

众人听了都哈哈大笑,刘邦随即率众将撤出咸阳,返还灞上,静等被封为关中王。

这时,有人进言:"秦地物阜民丰,十倍于天下,地势极其险要。派兵把守函谷关,可以阻止项羽入关,稳坐关中王。"急欲称王又自以为胜券在握的刘邦,怕有人阻拦,延误了良机,于是瞒着萧何、张良等人,派兵驻守函谷关。

集出身、威望、勇猛等诸多优势于一身的项羽,队伍庞大,又在河北歼灭了秦军主力,由他来做关中王才更让人心服口服。尽管有"先入关者王之"的盟约在先,刘邦也确实先进入咸阳,可自古以来实力决定地位,项羽岂会窝囊地甘拜下风?

项羽快到函谷关时,得知刘邦已先行入关,本就窝着一肚子火,又得到先锋部队来报,函谷关关门紧闭,不由得怒火冲天,立即派当阳君英布领兵去夺取函谷关。英布确实是打仗的一把好手,函谷关很快被攻克,守关的左司马曹无伤见势不妙,做了骑墙派,密告项羽:"沛公想要做关中王,令子婴为相,把咸阳珍宝都据为己有。"项羽听了忍无可忍,领军四十万驻扎在鸿门,准备偷袭刘邦在灞上的十万队伍。

萧何得知刘邦驻兵函谷关,迫不及待地找到刘邦,接连发问:

"项羽的人马是我们的数倍，闭守函谷关，能抵挡项羽的攻击吗？项羽一旦入关，矛头会直接指向你，你有把握在这场较量中取胜吗？"

刘邦迟疑了一下，嘴硬地说："不是有约在先嘛！"

说这话的时候，刘邦是心虚的。他心中也清楚，楚怀王就是个傀儡，傀儡说的话岂能算数？可"王的宝座"诱惑太大了，而他的心事又无法赤裸裸地说出来，所以才会迟疑、心虚。

萧何继续说道："我并非助长他人气焰，现在分析一下，论实力，我们在项羽之下；论地利、人和，初入关中，我们对秦地地形不熟悉，而项羽身边有秦军原来的主将章邯，一旦作战，对我们不利；论补给，虽然秦粮草积粟很多，但双方争战，粮仓不一定落入谁手，到时我们从哪里补给粮草呢？"

两人谈话间，张良仓皇而入。刘邦问道："何事如此慌张？"

张良把项羽要攻打灞上的军情告诉刘邦。

"消息是否可靠？"萧何急问。

"千真万确。我曾救项伯（项羽叔父）一命，他欲报我救命之恩，冒险前来约我一同逃生。"

方才萧何的话已经让刘邦后悔不迭，现在听了张良的消息，他忍不住双手敲头："啊呀！要命啊！悔不该听小人言。"

萧何顾不上理会刘邦，问张良："先生何事有恩于项伯？"

张良说，当年项伯杀人后被秦国追缉，他在下邳时曾藏匿项伯多时，两人因此结下了生死之交。

萧何一听当机立断："那就还要请先生设局，让沛公与项伯见面，主动示弱。"

张良点点头："现在也只有这办法了。沛公最好亲自见一见项伯，向他解释清楚，表明你不敢背叛项王。"

刘邦如鸡啄米般点头："好，好，怎样都行，快去请项伯。"

张良走后，萧何又嘱咐刘邦说："沛公一定要放低姿态，说一切都是为了等待项羽的到来。一旦起了冲突，我们毫无胜算！"

刘邦双手作揖："全听萧兄安排。"

项伯来后，刘邦忙起身恭迎，作揖行礼："我进入关中，秋毫无犯，只是登记官民、封存府库，等待项羽将军的到来。之所以派人把守函谷关，只是为了防备盗贼和其他异常情况，我日日夜夜盼望着上将军的到来，岂敢有异心啊！务请您把不敢忘恩之详情转告上将军。"

项伯见刘邦态度诚恳，说话间谈及兄弟感情，似有泪花，甚为感动，答应回去一定如实禀报。

为表诚意，刘邦还主动高攀，与项伯结为儿女亲家。此前，刘邦已经和项羽结为兄弟，如今可说是亲上加亲。为求稳妥，项伯适时提出建议："沛公，我说再多，也不如你当面致歉。这样吧，你明天亲自到鸿门给上将军谢罪，有我在一旁帮腔，当保无事！"

项羽本来就没把刘邦放在眼里，更不相信刘邦有胆背叛自己，听了项伯的话，他当即决定取消次日的偷袭，改为举办庆功宴，这就是历史上有名的"鸿门宴"。

对于刘邦去鸿门赴宴，萧何有些不放心，担心再生变故，于是嘱咐樊哙和张良随行：万一动武，有樊哙保护；需要谋略，则有张良保刘邦周全。

第四节 缓称霸的好处

鸿门是被骊山流下来的雨水冲刷成的一道沟，北端出口处好像一道门，故名。

刘邦、张良、樊哙往鸿门赴宴后迟迟未归，萧何心急如焚，在营地外不停地踱步，不时张望远处。一旦刘邦陷入敌营，数万军队该何去何从？萧何此刻甚为懊悔，早知道应该与刘邦一同前往。等待最煎熬，尤其是明知有危险时，煎熬就会数倍增长，将恐惧和担忧无限放大。

此时正是十二月，寒风凛冽，萧何不住地跺脚，哈气取暖。也不知过了多长时间，他隐约听到远处传来一阵马蹄声。萧何忙登上土坡循声望去，隐约中只见四五人骑马疾驰而来，他心中暗叫：不好！

刘邦走时有数百人随行，现在回来的只有四五个人，怕是凶多吉少。萧何当即命令武卒关好营门，以防不测。

铁骑旋风一般来到跟前，为首的正是刘邦，总算安全无虞地回来了。萧何正要问个究竟，刘邦铁青着脸跳下马，径直朝军帐走去，边走边喊："把曹无伤给我带过来，这吃里爬外的家伙！"

一看这阵势，萧何虽不知发生了什么事，但还是赶紧派人把曹无伤带来。曹无伤刚踏进军帐，刘邦的眼光就如一道利剑，刺向曹无伤。曹无伤心知大事不妙，这种告密小人一般胆子并不大，只见他吓得面如土色，额头出汗，浑身筛糠似的发抖。刘邦甚至连求饶的机会都不给他，走上前去，一剑刺死了曹无伤。

萧何还不知到底发生了什么事，愣愣地盯住刘邦。

刘邦义愤填膺地说："就是这叛贼挑拨，说我要做关中王，让子婴为相！"

萧何听了叹道："该杀！前有雍齿，后有曹无伤。"

刘邦一时新仇旧恨涌上心头，他恶狠狠地说："迟早我要亲手宰了雍齿。"

曹无伤自以为高明，见项羽势大，提前告密示好，做两手准备：倘若刘邦胜利，他还做军中司马；一旦项羽取胜，他则能因揭发有功受封。没想到，项羽直接向刘邦坦白了他的告密者身份。曹无伤的悲哀，正应验了那句话："祸莫大于欲利，岂空言哉。"意思是：越是贪恋利益，灾祸反而越大，绝不是空话。

萧何命人处理了曹无伤的尸体。待刘邦歇息后，他走出帐外，一把将樊哙拽过来，焦急地问："子房（张良）呢？此番鸿门赴宴，究竟发生了什么？"

樊哙把事情的经过详细说与萧何听。原来，宴会上，项羽说出了曹无伤告密之事，范增却始终不信任刘邦，示意项庄以舞剑为由刺杀刘邦，项伯一看"项庄舞剑，意在沛公"，也抽剑助兴，与项庄对舞，实为掩护刘邦。樊哙当面指责项羽，宴席中间，他和刘邦以上厕所为由趁机逃了回来。因为怕项羽起疑心，故留张良善后。

"回来就好，回来就好。"萧何连说道，"但愿子房也能安全回来。"

鸿门宴的剑拔弩张、刀光剑影，最终被刚愎自用、"很讲情义"的项羽化为一场兄弟情深的欢乐宴会。

可此时的刘邦，卧于榻上，怎么也睡不着，他想起鸿门宴上的一幕幕，内心仍惊悸不已。他已然放下身段、放低姿态，却还是差点丢掉性命。回想一路西征，他从弱到强，逐渐壮大，在萧何、张良等人的辅佐下，率先进入关中，宣告了秦王朝的覆灭。宝座就在自己眼前，却原来只是一场空梦。他不甘心啊！他在沛县积累多年，不顾性命地举起起义大旗，等待的不就是这一天吗？

但刘邦也清楚地记得，昨晚张良、项伯等人走后，萧何对自己的规劝："沛公切莫急于称霸！你先于项羽入关，这是天下人都知道，也无法改变的事实，这就是胜利！倘若能在胜利之时退让一步，不急于称霸，反而可以赢得民心，得民心就是得天下。项羽一向骄横成性，绝对不会退让，这样一来，全天下的人都会把目光聚集在项羽身上。反秦看似取得了成功，其实很多诸侯并不安分，这个时候，谁称霸，大家就会反对谁。项羽在政治上的强势和行为上的过激，实际是在削弱自己的力量，反而于我们有利。"

"萧何，但愿你是对的。"刘邦在昏昏沉沉中渐渐进入梦乡。

这就是刘邦的格局，总能在关键时刻把控好方向，做出最恰当的抉择。项羽有一范增而不能用，仅仅是个骁勇善战的英雄，而刘邦从谏如流才是一个明智的政治家，萧何选对了人。

鸿门宴后，项羽率大队人马浩浩荡荡地进入咸阳，处死了秦王子婴及其宗室，放任兵卒屠杀百姓，掠抢珠宝，甚至一把大火烧掉了秦宫殿。大火烧了整整三个月，幸好官府藏书被萧何提前收好，才逃过一劫。但大多数珍贵史料在这场"怒火"中化成了缕缕青烟，因而有了杜牧"楚人一炬，可怜焦土"的千古感慨。

无论是鸿门和解，还是在咸阳的愚暴行为，都只满足了项羽的些小欲望，他要做"王"，整个天下的王！可是，当项羽向楚怀王申请时，看似软弱的楚怀王却做出了强硬的回复："如约！"也许楚怀王觉得项羽远在三秦，无法控制自己；又或者他是舍不得这个"王"的称号，不允许王外有王。总之，这时的楚怀王主持了公道。项羽见楚怀王所言不合心意，干脆拒绝听从楚怀王指令，虚伪地将楚怀王尊为"义帝"，阳尊阴贬，将其迁到江南并在日后派人暗杀。

项羽自立为"西楚霸王"，要给各路诸侯和将领分这碗"天下"之粥！他忘记了叔叔项梁自封的悲剧，骨子里的傲慢跋扈升腾起来，将天下分封给了十八个王。

这是一次历史的倒退！秦统一中国后，且不说已取消分封制，斩断了祸乱之源，就当时而言，已有共主"义帝"，项羽如能诚心拥立义帝，延续统一的王朝，百姓可以少受多少战乱祸害！但项羽此时心中只惦记着一件事——回江东耀武扬威。他认为："富贵不归故乡，如衣锦夜行，谁知之者？"可见项羽有称霸天下之心却无治理天下之志，好一副小家子气模样。怪不得有人讽刺项羽是沐猴而冠，可悲可叹！

项羽在分封中厚此薄彼，导致各诸侯王愤愤不平，虽因忌惮项羽的势力而不敢发作，但却埋下了新的战争隐患。

最窝火的当属刘邦。他被封为汉王，统治巴、蜀、汉中这些偏远之地。最为气愤的是，项羽还将秦将章邯、司马欣、董翳封为雍王、塞王、翟王，三分关中，严防刘邦进入关中，踏上东返之路。

由于过早暴露实力，刘邦吃了大亏，但又只能敲碎了牙往肚子里咽，毕竟凭真正的实力，他还是比不过项羽。

刘邦返回帐内，气呼呼地对萧何说："负约就算了，他项籍凭什么把我封到汉中、巴蜀之地？"

萧何安慰道："这些地方虽然地处偏远，但蜀地自秦郡守李冰开凿都江堰以来，有沃野千里，土地富饶，可作为保存实力的大后方，且此地坐拥天险，易守难攻，不如先接受封号，再从长计议。"

"我刘邦手下也有十万余兵力，岂能这样任人宰割？"

"沛公所言极是！可如今项羽手下兵将众多，战无不克，各路诸侯又都站在项羽这边，这是我们所不能比的。在这种情况下与之对抗，难道不是以卵击石？"

刘邦仍一脸不忿："我咽不下这口气！"

萧何趁机进言："历史上能屈一人之下而能伸张于万乘大国之上的人，莫过于商汤王和周武王。臣愿大王暂时称王于汉中，厚爱百姓，招纳贤士，积累巴蜀物资，待将来时机成熟，再还定三秦，争霸天下，这是迟早的事！"

　　萧何经常跟随刘邦左右，自然了解刘邦心中想法，也相信他能够成就一番大业。萧何从刘邦的心理需求出发，让刘邦看见事物的本质，看见未来的希望，更在这次密谈中提出了"养其民以致贤人，收用巴、蜀，还定三秦，天下可图"这一具有前瞻性的战略方针。

　　萧何在政治上的远见卓识深得刘邦赏识，因此，刘邦受封为汉王后，立即拜萧何为丞相，掀开了两人不离不弃、默契和谐的政治新篇章。

第六章

谋划天下

第一节　心怀建国大业

据史书记载，汉王前往封国的时候，诸侯将士和平民百姓因为仰慕汉王而追随的多达几万人，这是怎么一回事呢？借此机会，我们回过头来看看进入咸阳后萧何所做的对日后汉朝奠基具有里程碑意义的事情。

庞大的咸阳建筑群，以咸阳宫为中心，建筑物向周围扩散，渭水贯穿其中。咸阳宫东西侧有秦始皇兴建的仿六国宫室群，殿观有一百多个，华丽辉煌自不待言。渭水以南阿房宫殿高数十仞，东西五里，南北千步……复道和角道将咸阳周围二百里内二百多个宫殿互相连接起来，连绵如一家。

秦始皇建造宫殿，也体现了他一统天下的雄心。每收复一个诸侯国，他就模仿这个国家的建筑修造宫殿，兼收并蓄六国建筑风格，体现了"秦即天下"的核心意识形态。唐代李商隐曾惊叹"咸阳宫阙郁嵯峨，六国楼台艳绮罗"。

秦帝国已经轰然倒塌，可整个帝国的运行体系并未随之垮塌，当务之急是如何把这个帝国有用的东西保留下来，化为刘邦大军将来的资本。

萧何思考一番后，找到刘邦，劝他下令严禁士兵有以下行为：

一是抢夺财物。私人不得肆意掠夺财物，据为己有。

二是纵火毁物。秦始皇"焚书坑儒"的大火仍旧在萧何心头冒着浓烟，他知道，纵火是此时最大的危害，必须严加制止。

三是强暴妇女。秦宫中留下的诸多美艳嫔妃，一定会成为士兵发泄和抢夺的对象，如果因此引发不必要的纠纷，势必导致流血牺牲，误伤人命，损失战斗力。而且，贪恋美色最容易使人丧失斗志，必须严令杜绝。

四是屠杀民众。无论出于什么原因，都不能骚扰和残杀咸阳城内的民众，这是赢得人心的关键。如果放纵士兵胡作非为，将损害军队声誉，失去民众的拥护。缺少了民众的拥护，就不能安稳地占领和管理这座城市。

刘邦对于萧何的建议却有些不以为然，说："萧兄，这你就不用管了。大家辛苦了两年，快活一下也是可以的。不要扫了大家的兴！"刘邦考虑的是，让士兵暂时享受打胜仗的福利，是凝聚人心的一个手段。而且，以往在攻取城池后也有先例。

但萧何却极为严肃地说："沛公要臣做何用？既是沛丞，这诸多要务，正是臣的管辖范围，不然，臣岂不成了尸位素餐？"

"萧兄言重了！"刘邦坐在高高的龙榻上，拍打着身边的软榻，"来，这里舒坦，坐一坐。"

萧何挺直身体，再次大声说道："恳请武安侯批准。"

不叫"沛公"而称"武安侯"，刘邦意识到萧何真的生气了，问道："当真非下令不可？"

萧何果断回答："是。"

刘邦大手一挥，喊来近身武卒，传令下去执行。

"好了，萧兄，来，你我今日就尝尝御膳，一醉方休！"刘邦走到萧何身边，准备拉他一起走。

萧何却往后退却一步，说："臣还有重要事情要做。"

刘邦不解地看着他："还有什么事情？"

"我得马上去保护秦府库里的藏书和简牍。"

"小事一桩，安排人去做即可，何必非要亲自动手。"刘邦惬意地摸着胡须说。

"此事重大，关系肇定国基！"

这句话一说出来，刘邦愣了一下，马上向萧何深深鞠躬，作揖行礼，感激地说："公思虑深远，是我肤浅了。"

萧何的话，如兜头一盆凉水，浇醒了刘邦。几年前，沛县起事时，刘邦对着萧何豪言壮语，要做邦国大事。如今他倒逼一时之快，将之忘在了脑后。刘邦自叹不如，连忙说："好，我这就拨给你五百士兵，专门负责府库藏书的搬运。你速速去忙。"

萧何应了一声，扭头而去，脚步匆匆。

望着萧何远去的背影，刘邦嘴里喃喃道："要是都像先生这样，何愁不得天下！"

行走在咸阳城内，萧何感到心里沉甸甸的。此前他一直负责打理官府的事务，但毕竟只是沛县一个小小的主吏掾，接触到的无非是当地的赋税、田亩之数，户籍人口、百姓诉讼等。将来刘邦若取得天下，自己作为"丞"，有没有能力管理百官，又该如何管理？民众户籍有多少，多大年纪始傅（开始参军），钱粮税收如何征收，如何监督与考核官员，郡县如何设置更为合理……诸多问题，都是他从未接触过的。而且，一旦刘邦得了天下，自己就会位列三公九卿，如果仅仅靠"沛县乡邻"这样的功劳赢得爵位，岂不脸红？

最值得深思的是，秦国是因何倒下的？这个刚刚倒下的庞大帝国，在行政体系运作方面有哪些值得借鉴和发扬的地方？在治理社会方面又有哪些经验和教训？战胜了敌人，更要明白是如何取得胜利的。这些都是全新而迫在眉睫的问题。别人可以一时盲目狂热，自己一向以行事谨慎、稳妥闻名，万不能在这些事上栽了跟头，叫人笑话事小，耽误国事事大。

萧何的心境，与多年后三国鼎立时蜀国丞相诸葛亮如出一辙："吾心如称，不能为人作轻重。"意思很明了：做丞相的，心中要始终有一杆秤，不以个人喜好而薄此厚彼。

第二节　收秦律令图书

　　萧何深知秦朝官府藏书对于今后治国理政的重要意义。为表重视，当刘邦分配给他五百士兵时，他专门要了一个千夫长来指挥这些士兵。同时下令兵分四路，各处由一个百夫长负责。

　　在整理搬运这些府库藏书前，萧何向大家训话说："这些藏书胜过千军万马，若有人敢粗暴对待，立斩不饶。"四个百夫长见萧何法纪严明，心中皆凛然。

　　萧何又对千夫长说："你负责四处巡查，若有搬运粗暴或故意毁坏者，当即捆绑。若监管不严，我拿你是问。"

　　随后，四支队伍各一百人，朝着明堂、石室、金匮、周室而去。萧何自己也带着一百人，来到空旷的场地，下令道："所有什长站出来。"所有什长站出来排成一排，萧何指着一个看起来十分精明的高个子说："从现在起，你就是'百工'①，你们要在十日之内制造一百个木箱。如果延误工期，除收回军籍外还要罚杖五十，可能做到？"

　　百工大声回答："不敢延误！"

　　萧何又指着一个胖一点的什长说："你来监督，谁有懈怠，马上向我汇报。"然后对所有人说："这箱子务必造得结实一点，并且学秦工匠在每个箱子上写上工匠的名字，负责到底。"

---

① 百工：主管营建制造的工官。

一切安排妥当后，萧何这才和千夫长一起朝明堂走去。他十分担心，这些士兵平日里粗鲁惯了，尽管已经交代得十分清楚，仍害怕他们粗手笨脚毁了这些珍贵的简牍。

萧何来到明堂，刚推开门，便吃惊地看见一排排木架上，整齐码放着竹简木牍，都用白色的布袋子装着。布袋口上有专用的标签记录，分门别类，十分规整。

"同一类要放在一起，不可弄混了。"萧何对正在搬运的士兵们说。

士兵们将这些竹简搬出来，萧何让他们暂时不要挪动地方，掏出来进行晾晒，他要亲自检查是否有受潮的简牍。

他顺手拿起一卷，正是户赋律卷：

何如为"大误"？人户、马牛及诸货财值过六百六十钱为大误，其他为小。①

意思是：在统计人户、牛马时出现差错，或统计各类财货出现误差，价值超过六百六十钱时，便以"大误"之罪论处。

这个竹简，一下解开了萧何平日里的疑惑。他之前在泗水郡任卒史统计户口时，还不太明白究竟下属出现多大的误差才算重大错误，现在终于找到了答案。

尤其让萧何感到欣慰的是，这个律条采用法律答问的形式，

_____

① 杨宽.《战国史》.上海人民出版社。

特别容易推广，即便是文化程度很低的人，也能明白是怎么回事。这种简明扼要的法律推广形式，确实值得借鉴。

再看这一卷竹简，表面干燥，素丝穿绳，捆绑扎实。穿绳处的圆孔都标准统一，做工极为精细，萧何不由得惊叹秦王朝对工匠的严格要求。

他沿着木架浏览，只见丞相府令、御史书、律令样样齐全，于是加快脚步，打算赶往另外三处看看还有什么宝贝。

来到石室，他却发现了问题：有大约三分之一的竹简都受了潮，有的已经变形翘起，还有的部分开裂了。萧何忙令人将这些竹简搬到外面，逐个平摊在石块上进行晾晒。

接着，他又吩咐道："你们快去找些王宫内的罗伞来，把这些晾晒的竹简遮一遮，这些是不能暴晒的，要不然变形更厉害。"

萧何蹲下身来，一一抚摸这些竹简，不断擦拭着上面的霉斑，一个劲地念叨："多可惜啊！这些珍宝，若是孝公在，怎会被如此轻慢。可悲啊！"

这些珍贵的律条，年代略微久远，看着像是商鞅颁布律法初期的档案。那时秦孝公正在大力推广商鞅之法，自然不会让这些治国之策遭受如此严重的损害。

萧何面前的这些策简，色泽暗淡，且部分墨迹已经脱落，这让他感到十分惋惜。当时使用的墨主要是墨粉，书写时需要"和墨"，因此《庄子·田子方》说众史"舐笔和墨"。

萧何还在金匮内发现了很多珍贵的帛书、地图。

秦始皇消灭六国、统一九州后，一张真正意义上的"中国地图"出现了，这就是《秦地图》，地图上绘有山脉、河流、关隘、道路、界域等，标明了各处地名。此"天下图"为日后刘邦一统天下提供了捷径。《史记·萧相国世家》中如此描述："汉王所以具知天下厄塞，户口多少，强弱之处，民所疾苦者，以何俱得秦图书也。"意思是说：汉王刘邦之所以能够详尽地了解天下的险关要塞，家庭、人口的多少，各地诸方面的强弱，民众的疾苦，等等，都是因为萧何完好地保存了秦朝文献档案的缘故。这是司马迁对萧何收集律令图书的历史评价和功绩肯定。

汉朝建立乃至之后整个封建王朝的延续，基本都承袭了秦制。秦制延续两千年，脉络不绝，萧何功不可没。秦始皇"焚书坑儒"，项羽火烧咸阳宫，这两把大火，把中华民族远古至秦的大量档案典籍付之一炬，造成了不可弥补的损失。萧何注重保存秦典籍使其免遭涂炭，善莫大焉！

这些典籍在归类分箱整理后，披上油浸过的布，装车随军一路运抵巴蜀、汉中，经萧何深度消化吸收，终于在汉朝建立后，成为汉朝的立国蓝本。

第三节　深得民心的约法三章

按照刘邦的脾气，当初打进咸阳城，他便觉得苦尽甘来，想住下不走了。他不但住下不走，还有模有样地开始以"王"自居，要召开庆功大会，封卢绾为长安君、刘交（刘邦异母弟）为文信君、樊哙为贤成君、曹参为建成君、灌婴为昌文君等，并命萧何"监督庶务"（相当于现在的秘书长）……

樊哙、张良、萧何等人都看到了刘邦沉迷美色、陷入温柔乡的目光短浅，也看到了将士们抢夺金帛财宝的危害性，根本就不在乎这次玩笑一般的"论功行封"。事实证明，错误估计形势后做出的决定通常是不作数的。刘邦这次封赏最终被实力强大的项羽全盘否定，他给众人的封赏也成了空头支票。

这时，萧何劝说刘邦移兵灞上，静观形势变化后再做打算。刘邦最大的优点就是能够听进去别人的意见，最终决定移兵灞上。但他又是极其狡黠的，他要在走之前做足文章。

刘邦找来萧何，问道："就这么悄无声息地驻军灞上，咸阳岂不是白白送给了项羽？"

萧何意识到刘邦意有所指，可又不便直问，便拐着弯地试探："沛公是要举行仪式？"

刘邦笑着说："仪式当然要有，雁过留声嘛。"

"那我这就着手弄个规整的仪式程序，我们举行完仪式再撤出咸阳。"

刘邦摆摆手："别弄得太烦琐了，我最烦那一套。最好简单一些。"

萧何为难地说："又要留住人心，又要简单，容我想想。"

刘邦伸了个懒腰："不费脑子，要你萧兄干吗？徒费酒菜？"

萧何哈哈大笑，端起酒杯，一饮而尽，然后向刘邦作揖行礼道："萧何必定想个万全之策，方不负沛公盛情款待。"

夜晚，萧何一个人静静地待在咸阳城丞相府中，陷入了沉思。刘邦无非是想向咸阳城的民众展现高调的、台面上的姿态。那么，用什么形式才能"笼络"咸阳城的民众呢？要想赢得人心，一定要满足他们的心愿，保障他们的利益。可完全保障他们的利益，势必与起义军的利益发生冲突，所以要找到一个平衡点。

萧何摸着脑门思虑了一会儿，不住地点头，或许首先要稳住的是贵族和地主。这些人在刘邦将来真正入主咸阳时，对刘邦是最有用的。正如东方六国灭亡后，举起义旗有号召力的，就是那些"六国贵族"，普通民众并不知道自己要什么，对他们来说，跟着贵族反秦，推翻暴秦，能让自己吃饱穿暖，少一些赋税就满足了。

如何保证咸阳城内秦贵族和地主的利益？萧何一时想不出什么好办法，就站起来走到院子里，望着天空发呆。

天上银河浩瀚，明月皎洁终不如群星璀璨。萧何忽然想到贵族、地主毕竟是少数，如果因为维护这些人的利益而得罪了大多数民众，那就得不偿失了！

萧何惊出了一身冷汗，为自己虑事不周而懊恼。他亲手策划了沛县起义，看到过起义洪流中那些穷苦百姓舍命拼杀的场面。这些人不惧生死，敢打敢拼，头脑又相对简单，若有人稍微挑拨，马上就会掀起轩然大波。陈胜吴广的起义军不就是这样吗？沛县百姓杀县令不就是这样吗？

民众就是天下！这话一点不假，秦国可以灭六国，却不可以灭民众！所以一定要同时兼顾，既保证贵族利益，又让民众满意！

萧何又想到，民众反秦的根本原因就是秦朝的苛政，六国贵族也因此对秦朝不满，若能废除秦朝的严刑役法，代之以新的律法，一定能得到大多数人的拥护。

理清思路后，萧何很快就根据熟知的秦律法，化繁为简，总结出了三条律法。他仔细推敲，觉得比较满意，当夜便到咸阳宫去见刘邦，表明自己的想法。

"何为约法三章？"刘邦感觉挺新鲜，追问道。

"杀人者处死，伤人者要抵罪，盗窃者要判罪。"萧何兴奋地说。

刘邦一听顿时兴致全无："这哪是你萧何的水平？就这么平平淡淡三句话？"

萧何见刘邦没有意识到自己的良苦用心，便详细解说道："现在城内的混乱局面一定要抓紧制止，为了防止抢夺、盗窃的事情发生，需要约束黔首，这样一来，治安就会稳定。"

刘邦问："是啊，这不就是三条普通律法吗，也没看出有何妙处。"

萧何进一步分析道："你想想，秦国贵族或者读书人会伤人、杀人吗？当然不会，他们最怕天下大乱，如果能保护他们的利益，他们就会支持、拥护沛公，将来筹措军费、稳定商业、管理城市，都需要他们！"

刘邦终于露出了笑容："这样一说，似乎有理，可黔首呢？岂不就得罪了？他们会不会觉得三条法律都是约束他们的？"

萧何摇摇头："断然不会！秦律严苛，数百上千条，将人捆绑得死死的，现在沛公推翻秦律，只约法三章，谁会不满意？"

刘邦双手一拍，赞道："有萧何在，我可以高枕无忧了！"

萧何高度凝练的约法三章，从字面上看不过十几个字，无比简单，却是建立在洞察时事、了解民情、平衡利益等诸多因素之上。萧何制定的三条律法，最适合当时的时势。因为他知道，律条繁杂了，民众听不懂也不好执行。刘邦现在需要的只是一种"口号式"的宣言，既要能起到宣传、鼓动人心的作用，又要便于执行、树立军威。

刘邦的煽动能力是无穷的，他口才极好，最擅长讲冠冕堂皇的好话。第二天，他便骑着马、带着队伍走在咸阳的街道上，声情并茂地发表演讲：

"各位父老乡亲，秦朝繁刑严苛，你们深受其害。批评朝政得失，就要被灭族。即使相聚在一起轻声耳语，也会被处死。十几年来，你们受尽苛捐杂税和徭役的盘剥、奴役，生活在深渊之中，缄口不语。此前怀王和各诸侯有约在先，先入关者为关中王，如今我先行入关，理应挑起管理关中的重任！"

刘邦见现场气氛已经到达高潮，高声喊道：

"现在，我将这些不合理的法律废除。和诸位约定，无论何人，都要遵守三条法律：杀人者处死，伤人者抵罪，盗窃者判罪。其他秦朝法律一律作废。各官职人员皆各就各位，一切照常。"

他话音既落，听者群情振奋，欢声四起。

刘邦摆摆手，示意大家安静，继续说道："大家都不必害怕，我们很快就会还军灞上，等各路诸侯到了咸阳再商量约定之事。

我已传令众将士，不许骚扰百姓，如有违令不遵者，立斩不赦。希望父老豪杰晓谕百姓，按新法行事。"

咸阳民众无限欢愉，往日条条秦律像捆绑在身上的绳索，此时一下子松开了，只剩下三条，谁会不高兴呢？

为表达感激之情，百姓们自愿献出牛羊酒食来犒劳将士。刘邦坚决推辞不受，对百姓们说："仓粟多，非乏，不欲费人。"意思是：仓储的粮食很多，不需要大家浪费。如此这般，关中民众无不称赞沛公为长者。"约法三章"的事迹让刘邦后来重回三秦大地时，赢得了绝大多数人的拥护。

第四节　颁布求贤令

刘邦被封为汉王是在正月，但直到汉元年（前206年）四月，他才在项羽的威逼下，率领众臣和大军从咸阳往巴蜀之地行进。令他恼火的是，项羽强夺了他大部人马，仅留三万人。但刘邦攥紧的拳头，即使伸到项羽的鼻尖前，也不敢砸过去。因为他心中很清楚，如今自己只是十八个棋子中的一枚，项羽才是棋手。

前往巴蜀，由东向西有三条道，刘邦选定了最西边的大道。大军的行进路线是：从杜县进入蚀中（即子午道），越秦岭，行军至汉中。

先锋部队冲在前，负责整修道路；中军逶迤而行，不慌不忙；后勤和物资保障殿后。萧何负责的就是后勤保障。越往前走，道路变得越险要，各部在进入山地狭窄路段时，只得分批次通过，行进速度渐渐慢了下来。萧何知道刘邦心中不爽，最好不要去招惹他，于是就坐在装满典籍的车上，悠闲地查看秦典籍。

走到半路时，仰慕并愿意追随者又增加了万余人，加上原有军队，长长的队伍蜿蜒在曲折的峡谷中，首尾长达十几里。越往南行，道路越窄，更加崎岖不平。行至褒斜，地面已无路可行，抬头仰望，只见栈道高悬于山腰之上，一侧贴着山壁，另一侧就是深渊。行进在栈道之上，即使是行军作战之人，也吓得胆战心惊。

跟随刘邦的军队，大都是中原人。将士们见越走距离家乡越远，生怕此生难以归乡，心中不免有些伤感，有人就伺机当了逃兵。夜晚宿营时，军帐内不时传出隐隐的中原歌谣：

采薇采薇，薇亦作止。

曰归曰归，岁亦莫止。

思乡之情是极具传染性的。很快，更多的人跟着节奏低声吟诵：

靡室靡家，猃狁之故。

不遑启居，猃狁之故。

……

将士们浓厚的思念之情也感染了刘邦。他举目四望，两侧的崇山峻岭似猛兽盘踞，头顶的月光洒出些许清辉。回想起八个月前，他率领起义军从河南进入陕南，攻武关，过峣关，抵灞上，直取咸阳；战马嘶鸣，将士一心，关中大地眼看唾手可得，如今却要远离家乡，前往偏远落后的地方……想到这里，他不禁慨然长叹。

"大王可是想家了？"刘邦回过头，看到萧何站在身边。

"不知父母妻儿可否安好？现如今这情势，我愧对家人，愧对跟随我的将士们。"

"有吕公照应，想必安然无虞。大王，你的情绪会影响全军的士气。《道德经》说，福祸相依，否极泰来。莫为眼前的困局生忧，再难也难不过当初在芒砀山。"

萧何的话让刘邦意识到，如果任由思乡之情继续发酵，也许走不到汉中，军队就作鸟兽散了。现在自己应该调整情绪，给将士们鼓劲。于是，以后的几天里，将士们都能看到汉王气定神闲，泰然自若，谈笑风生，于是也渐渐恢复了往日的神采。

这天，天气晴好，刘邦等人难得好兴致，在一起闲谈。

张良问："大王，营中可缺什么？"

刘邦扬了扬马鞭："文有你和萧何，武有曹参、樊哙、周勃，粮草、马匹、兵器皆有，有什么可忧虑的呢？"

张良却意有所指地说："我虽能出谋划策，但缺乏带兵之韬略；萧大人政务之才卓越，可难以冲锋陷阵；曹参、樊哙独当一面尚可，却难以统领十万兵。大王日后如何与项羽争雄逐鹿，一统天下？"

"子房深谋远虑！"萧何钦佩地说。

刘邦也感慨道："子房所说，确是要事，恐怕还要你和丞相多操劳。"刘邦封为汉王后，已拜萧何为丞相。

萧何不敢辜负刘邦重用，慨然道："我当尽心竭力，为大王招贤纳士，兴汉家，以定天下。"

大军行至褒中，再次应了"铁打的营盘流水的兵"这句话。一日，张良来向刘邦辞别，继续去完成他的复国梦。刘邦颇感失落，想起前几天张良说要储备人才，才知道他是为离别做铺垫。张良并非无情之人，复国是他的执念。临走前，他不忘献出一策。劝刘邦烧掉东去的栈道，以此迷惑项羽，表示不会东征。

送君千里终须一别。萧何见刘邦望着张良远去的身影久久发呆，愈加感到只有网罗更多人才，才能重新点燃刘邦心中"再入关中"的火炬。

行至汉中，百姓们对汉军的"约法三章"早有耳闻，纷纷拿出家中的好酒好肉犒劳将士们，这给了情绪低落的刘邦不小的慰藉。

汉中平原并非想象中的野蛮荒凉，秀美中透着富足。萧何来巴蜀之前就制定出十几个字的前瞻性战略，即"取民心、惠民策、用巴蜀、致贤人"。取民心，约法三章，已初见成效。如今定都南郑，将要管理汉中及巴蜀之地，急需大量人才，去哪里找人才？

萧何根据以往担任主吏掾积累的经验，很快制定了一系列搜罗人才的措施：

一是举贤良，在职官员逐级推荐。如百夫长荐千夫长、千夫长荐次将，以此类推，逐级向上推荐，提拔一批有着丰富实践经验的官吏。

二是依优势，贤良之士自荐。秦时已有毛遂自荐的先例，无论是谁，如果自认为有管理方面的优势或某方面专长，都可以自我推荐，经考核合格，即可录用。

三是通过考核，任用当地原有官吏。定都南郑后，萧何详细查阅从咸阳带来的律令典籍，发现记录有汉中郡、巴郡、蜀郡等地官员考核的档案，于是从中选拔绩优官吏，考核通过后继续留任。

这天晚上，萧何在翻阅从咸阳带来的秦典籍时，发现了一则档案记录，很受启发。

档案里说，这一年，一个名叫周的沮县官吏，在始皇二十四年（前223年）的某项考核中等次最低，因此被贬谪为"新地吏"。秦将新占之地统称为"新地"。新地常因地方偏远，任职条件不如其他地区，成为流放贬抑官员的场所。这一次，周从沮县被贬到迁陵县。迁陵县是始皇二十五年（前222年）才设立的县。

结果，迁陵县迟迟没有见到周来上任，沮守瘳曾发来文书问询周是否已到迁陵，至始皇二十六年（前221年），迁陵守禄回复说周并不在县境内。显然，周因工作失职而由沮县被贬谪至新地迁陵县，从迁陵县去沮县十分遥远，从秦国腹地至新地任职，周极有可能视之为畏途而未赴任。

萧何当即想到，日后任命到蜀郡任职的官员，很有可能也会像周那样不肯赴任，制定制度时当留心。

萧何从这些档案中得到了许多启发，这对他拟定合理的任用官员的制度起到了积极作用，同时也启发了他的思路。他不再局限于使用本地人才，在巴蜀、汉中地区广发求贤令，主动许以优惠条件，吸引外军或者外地有识之士加盟汉军。

四是靠自治，启用当地人。巴蜀地区少数民族居多，其风土人情与黄河中下游地区相比差异较大，让当地人治理当地人，有利于消除隔阂和清理不信任的障碍，更好地促进地方和谐。

对于所有录用的官员，萧何结合秦朝的试吏法（相当于现在的试用期），将原来一年的考核周期缩短为半年，从忠心敬上、清廉毋谤、举事审当、喜为善行、恭敬多让等方面加以考核，使优秀的人才得到擢升，合格的人才继续任用，不合格的人员可以留用观察或者解除任用关系。诸多举措同时进行，极大补充了机构人员，同时也调动了在职人员的工作积极性。

萧何缜密而严格的管理才能，在巴蜀、汉中得到全方位的施展，使汉军集团的综合实力在短期内迅速提升。这些人才最终成为汉军的中流砥柱，为刘邦夺取楚汉战争的胜利，夯实了人才根基。

萧何这位汉丞相，从经营巴蜀、汉中起，苦心经营，见微知著，逐步成长，到汉朝立国时已成百炼钢。

第七章

荐举英才

第一节　慧眼识韩信

在萧何荐举的人才中，韩信是一个典型代表，他的成功与失败都和萧何息息相关，留下了"成也萧何，败也萧何"的历史典故。

且说刘邦来到汉中后，当起了甩手掌柜，一切事务全赖位居百官之首的丞相萧何帮忙操持。任用官吏，向刘邦荐举人才，官吏考课、黜陟、赏罚，调整律令、刑狱事务等，还有境内零散暴动、骚乱等，都需要萧何安排处理。

这天，萧何正在研究秦典籍，夏侯婴来找他说："萧丞相，您兢兢业业，日理万机，我本不想打扰您，可……"

萧何抬头看了夏侯婴一眼，调侃道："滕公说话，也开始文绉绉的了？"

夏侯婴笑着说："有件事想征求您的意见。"

原来，夏侯婴作为监斩官，依律要处斩一批犯了军规的士卒，一共十四人。已经斩了十三人，轮到第十四人时，这人不仅不惧怕，反而仰头大笑："汉王不是想得到天下吗？看来也是妄杀壮士的莽夫啊！"

敢这样讽刺汉王，要么是求速死，要么就是真有胆略。夏侯婴当即愣住了，仔细打量眼前这人，见他器宇轩昂，身材高大，面无惧色，不觉有几分惜才，就命人放开他，与他交谈。这一谈，夏侯婴感觉此人胸中颇有长策、见识不凡，本想直接把他推荐给刘邦，可又想到百官任用总要先过萧何这一关。

"照你这么说，此人确属奇才。"萧何有些迫不及待，"现在大王正缺人手，滕公又建一功啊！你与大王日日亲近，何必来我这里绕弯。"萧何最懂"人抬人高"的道理，夏侯婴来告诉自己，按照程序应该这么走。可夏侯婴与刘邦每次大战都在一辆车上，当年又替刘邦顶过罪，本可直接向刘邦推荐人才，可他先来找萧何，是为表示对萧何的尊敬。萧何自然也要回敬他。

萧何的话让夏侯婴十分受用，嘴上却更加谦逊："不不，识人善任，离不开丞相。"

于是萧何让夏侯婴将韩信引来。

萧何初见韩信，就被他眼中放射出来的两道精光所吸引，那眼神里透露着一股桀骜不驯，又带着忧郁和感伤。

韩信昂首挺胸、大方自信地走到萧何跟前，拱手抱拳："见过丞相大人。"他声音响亮，神态自若，全然不像刚刚从刑场走下来的人。

萧何也不拐弯抹角，直接问道："你说汉王妄杀无辜，有何凭据？"

"我有报国之志，谁料汉王却不识，竟要斩杀壮士。"韩信朗声答道。

"你当初为何到汉王帐下效力？"

"我转投汉王，是因为听说他体恤将士，从谏如流。"

萧何好奇地问道："转投？你原先在何处？"

"我原在项梁将军处，后效力于项羽将军。因行军途中路遇大雨，将将军之车从泥潭中扛出，受到赏识，被项羽调到身边当亲兵，担任郎中。"

"既然受到赏识，又有职位，为何从楚军转投汉军？"萧何有些不解。

"项羽刚愎自用，身边有足智多谋的范增尚且不能听从其计，我多次向他献计献策，均未被采纳。可叹项羽目光短浅，不接受好的建议，我倍感失望，故而选择离开。"

萧何一听，知道韩信是自恃有才，不甘于做个小郎中，于是就想考考他："天下群雄逐鹿，何人可定天下？"

"项羽必败，汉王必胜！"

"何出此言？"

"项羽火烧咸阳，烧掉了民心，将天下十八封，又是极大的失策。原因有三：其一，封刘邦为汉王，失约而负道义；其二，意气封王，加强了六国后裔的力量，群雄并立，岂不是让自己四面树敌？其三，英布乃项羽的先锋战将，战功居诸将之首，仅封了一个小小的九江王，英布岂会服气？项羽焉能不败？”

“为何汉王必胜？”

“鸿门宴上，我目睹项羽的骄矜自傲和优柔寡断，汉王是真正的男子汉大丈夫，能屈能伸，柔中带刚，入了虎口却能巧妙逃生。”

听到这里，萧何凭借多年的识人经验，已敏锐地察觉到，韩信确实是胸中有丘壑的大才，他能从项羽封王这件事看出潜在的危险，从鸿门宴看出刘邦暗蓄的潜力，这确实需要战略家的眼光。如果这样的人才能够为刘邦所用，必会如虎添翼。

萧何命人将韩信带下去，同时派人去调查韩信等人所犯何罪。经过仔细调查，得知是韩信等仓库小吏失职导致钱粮受损，本不当斩。但因为刚入汉中，夏侯婴为严明法纪，杀鸡儆猴，所以才使用最重的刑罚。现在夏侯婴愿意保举韩信，萧何也乐得做个顺水人情，于是果断去找刘邦求情，并一再说明是夏侯婴极力推荐，他好不容易挖掘到一位奇才，不可凉了滕公的心。

刘邦收买人心很有一套，听罢高兴地说：“行行行！”最后非但没有追究韩信的罪过，反而升他为治粟都尉（管钱粮的副手）。

此后，萧何开始关注韩信，不断打探他的往日经历，才知道韩信和刘邦早年颇为相似：

两人都“懒”于做小事。刘邦当亭长时，心中时刻怀着改变命运的理想，因此懒于从事种田这种体力活；韩信家境贫寒却喜读兵书，常寄食于亭长家，也懒于做种田这类苦差事。

两人都遭人嫌弃。刘邦整天带朋友到家里吃喝，曾遭到嫂子的厌恶，而韩信在亭长家寄食日久，也遭到亭长妻子的嫌弃，故意错过开饭时间吃饭，让韩信饿肚子。遭人唾弃，如若自暴自弃，就会一蹶不振。谋大事者，不自卑、不气馁，耐心等待时机。

两人都不拘小节。刘邦喝酒赊账，常常遭到酒肆店主的奚落和嘲讽，但他却能嬉皮笑脸，化解窘境；韩信佩剑行走时，遇屠夫挑衅，不愿因小失大，于是强压怒火，从屠夫的胯下钻了过去。地位卑微时，万般忍耐都是为了积蓄力量，不争一时之荣辱，待建功立业之后再一较高下。

萧何反复揣摩比较，得出结论：韩信定是大才！兴汉必有此人之功。于是，他常常接近韩信，与其纵论天下大势、评论诸侯长短，听其领兵布阵之玄妙，观其独当一面的霸气。两人性情可谓互补，萧何睿智、内敛，韩信刚烈、外露。

萧何告诉韩信，他一定会在合适的机会，将其再举荐给汉王，助其一展抱负。

萧何早年担任沛县功曹，识人用人最是眼光独到。他对韩信的赏识，的确是切中肯綮，为"汉初三杰"定下一杰。伯乐寻千里马，需要遴选；千里马遇伯乐，则需要机缘。韩信遇到萧何，是他前半生的幸运。

第二节　韩信失意出逃

对于刘邦任命韩信为治粟都尉，萧何本来也觉得挺合适的，也多少带有一点私心，想让韩信作为自己的副手。

管钱粮的官员叫治粟内史，韩信担任的治粟都尉是副手。萧何处理政务时，最需要这种思路清晰、能力突出的青年人才，为自己分担一些具体事务。

但随着交往日久，萧何渐渐发现，韩信似乎并不看重这个职务，他更多的是关注军事，话里话外并不乐于做具体而烦琐的事情。

此时，汉军中思乡情绪越来越严重。这是因为平时无战事，将士们居住在潮湿阴冷的巴蜀之地，和家乡的气候不一样，有些难以适应。有些士兵更担忧将长期定居于此，再也回不到老家，便私下里串联，寻找机会当了逃兵。尽管军中对逃兵采取了严厉的惩罚措施，但还是难以遏制这股风潮。

韩信期望当指挥千军万马的大统帅，谁知刘邦却给了一个管钱粮的都尉之职，这让他着实有些失望。所以，他也在一个夜里，随着逃亡的将士一口气逃出了汉营。尽管他曾对萧何说过"得天下非汉王莫属"，但现在他更想自己能有用武之地，也许等自己成名之后，刘邦会对自己另眼相看。

逃离后要去往何处，韩信心中并不明朗。但对于离开此地，他是毅然决然的。

刚逃出军营时，韩信还有一丝愧疚，觉得没和萧何告别。可他也知道，萧何一定会挽留自己，到时就难以脱身了。随着越走越远，韩信不但没了愧疚心，反而有了悲怆之感：汉王啊汉王，你也是有眼无珠。若他日我率兵与你对阵，一定要叫你明白，失去我是你巨大的损失。

不得志的人失意落魄时，只想别人的坏处，尽可能安慰自己脆弱的心灵。马蹄声碎，风声呜咽，唯有头顶的月光不离不弃，韩信驱马跑了一阵，感觉安全了，便不再催马扬鞭，信马由缰地慢慢行走在夜色中……

其实韩信不被刘邦重用，是有原因的。汉军刚到巴蜀，刘邦对于再进关中还没有明确的计划。没有战事，选拔大将军自然就不是紧急事务。再则，张良已离开汉营，刘邦身边缺少军师，长期战略并不明朗。萧何又忙于管理国家事务，抽不出身来。所以，这是刘邦身心放松的一段时间，他也知道近期内不能有大动作，否则会引起项羽的警惕，因此有意"乐在巴蜀"。

韩信急需得到提拔，偏偏遇上了刘邦的战略低潮期，跟对了人，时机却不对。同时，刘邦也有他的考虑：

首先，韩信曾是项羽手下的一个执戟郎中，雍齿叛逃、曹无伤的叛变在刘邦心中留下了伤痕，倘若轻率行事，中了项羽的奸计，将损失惨重。

其次是面子问题。刘邦现在已经不是泗水亭长，成了汉王，是个有头有脸的人物。项羽不用的小卒，来他这里任重要职务，这不恰好说明他地位低、军中缺少人才吗？

最后也是最重要的，韩信过往的经历并未彰显出他的能力。

尽管萧何说韩信是旷世奇才、不可多得的将星，但此前无论在项羽军中还是刘邦军中，韩信并无显赫军功。一个不能冲锋陷阵、亲冒矢石危险的人，仅靠嘴皮子功夫，是很难有说服力的。战国时期赵国赵括纸上谈兵，让秦国"杀神"白起坑杀赵国四十万将士的战例还历历在目。汉军显然禁不起这样的惨烈尝试。正是基于以上顾虑，刘邦在萧何推荐韩信时，根本就没有认真考虑，只是碍于面子糊弄萧何和夏侯婴，提拔了韩信却不重用，以免失策。

萧何对刘邦做出的决定也表示赞同，甚至苦苦劝说韩信不要急于求成，要循序渐进，等建立军功、取得军爵，让汉王看到他的真本事，不愁英雄无用武之地。

但韩信的性格与萧何有着很大的区别。萧何已经四十多岁，历经世事，人过不惑之年，说话和行事都追求稳妥。而韩信才二十多岁，正是血气方刚、锋芒毕露的年纪，哪肯苦熬苦等，他恨不得马上就率军杀进咸阳城，成就自己的英名。

经历的不同，决定了事业求索之道的不同。出身富裕家庭的萧何需要的是稳中求进、步步为营的"金字塔"式逐步升迁的模式，而出身贫寒的韩信则想要下险棋、走捷径，用"跳田字格"模式。萧何是本身就有平台，韩信是亟须选定一个平台。萧何有固定且不断扩大的人脉圈，韩信则是要钻入别人的圈子里。他们两人能成为朋友，是互相欣赏，但各自的心境和欲求却大相径庭。

但萧何也有果敢冒险的一面，从他为刘邦定下攻取沛县的计策就可以看出。他虽万事从长计议，但也有一股认定了便不放过的冲劲。苏轼曾盛赞韩信"抱王霸之大略，蓄英雄之壮图，志吞六合，气盖万夫"，与萧何可谓英雄所见略同。

第三节　萧何月下追韩信

萧何听到韩信逃亡的消息后，大惊失色，来不及多想，当即骑马去追。

此时刘邦正醉卧在榻上酣睡，猛然窜进来一个舍人，惊叫道："禀报大王，丞相跑了！"

刘邦一听酒醒了一半，坐起来说："你胡说什么？"

舍人磕磕巴巴地说："大家都在传，丞相骑马，趁夜……逃跑了。"

这下刘邦不由也信了几分，心中十分恼火。连日来，不断有将士逃跑，军心已严重动摇，没想到萧何也做了逃兵！不可能，这绝对不可能！整个汉军里，谁都有可能离开，唯独萧何不会离开。

从沛县一路西征，萧何就一直陪在刘邦身边。雍齿叛变，他攻打丰邑两次败北，都是萧何默默给他鼓劲，出谋划策；景驹被杀，生死攸关之际，萧何与他星夜兼程转投项梁，才保住了最初的起义精兵；砀郡厮杀，如果没有萧何在沛县组织粮草，供应军费，自己如何能被项羽看得起！一路西征向咸阳，萧何更是殚精竭虑，生怕出现纰漏；进入咸阳，如果不是萧何及时制止，自己和一帮兄弟恐怕还只顾着享乐，等到项羽大军挺进咸阳展开厮杀，汉军或许已不复存在……

恍惚中，他看到雍齿走近自己，狞笑着，手舞足蹈，嘴里喊道："萧何为何也要离你远去？你这个无赖，流氓！刘季，你这不足为谋的竖子！"

刘邦的心病顿时又犯了起来，他拔掉簪子，将头上的刘氏冠一把扯下来，扔得很远。看着那歪斜在地上的刘氏冠，他仿佛看到无数的沛县兄弟正在冷嘲热讽："你刘邦不是要夺取天下吗？你快去夺啊！我们倒要看看，没有了我们，你拿什么去夺？"

历史上对于刘邦此后两天的思想变化并无详细记录。《汉书》和《史记》两部书对这件事的记录如出一辙，均为"上怒，如失左右手"。尽管只有寥寥数笔，我们仍能从中看出刘邦失去重臣后抓耳挠心的惨境。

萧何的离去，不仅让刘邦失去了一个丞相，其带来的负面影响不亚于汉军损失万人。萧何是刘邦原始团队里的重要一员，如果连他都认为刘邦不可靠而选择逃离，就等于无声地宣告汉军面临分崩离析的地步。

事业终究是刘邦的。盛怒之后，他做出了冷静的部署，下令暂时封锁消息，同时派出多路人马，务必要找到萧何。他要问个清楚，萧何为何逃亡？

其实，萧何出城之时本想让人去告诉刘邦一声，但又想到如此一来二去，只怕韩信早已走远。

月光下，萧何顾不上用鞭，一个劲儿用策①敲打马屁股，催马疾驰，两眼不住地四处张望，生怕漏掉每一个岔路口。他心里既有懊恼也有惋惜。懊恼的是，他应该让刘邦早日重用韩信，自己平日里费尽心思搜罗人才，可旷世奇才到了眼前却眼睁睁地看着他离去，这对于一个负责百官选用的丞相来说，实在是失职。

萧何追至一片树林边，隐约看到月光下有一人骑马伫立于林边，急忙催马过去，定睛一看，正是韩信！

萧何的火气"蹭"的一下就上来了，随即飞跃下马，上前质问："好你个韩信！我萧某哪里得罪你了，为何不辞而别？"

韩信猝不及防，愣了一愣，随即后退一步，黯然道："萧大人，既然汉王不需要我，留下还有何意义？"

"看来我萧某人有眼无珠，识错了。"韩信听了低头不语，萧何继续责问道，"当初那个能忍胯下之辱的韩信哪里去了？仗剑从戎的志向抛之脑后了吗？"

"时刻未曾忘记，我看汉王也是庸才一个，离开他就是为了去寻找可重用我的王者。"

"纵观天下，谁能给你实现抱负的机会？都像你这样，一时失意就逃跑，嘴上说胸怀天下却一刻都不能隐忍，今天投奔这个王，明天依靠那个王。我问问你，有哪个王会给你机会！这样赌气离去，岂不成了反复小人？自己不讲诚信，又何以取信他人！"

萧何连珠炮似的追问、逼问、反问，让韩信面红耳赤。

---

① 策：赶马用的棍子。一端有尖刺，可刺马的身体，使它受疼向前跑。

萧何见韩信不再言语，心知作势已足，于是转而和风细雨、人情入理地引导："你离开项羽来投奔汉王，不就是为了找到用武之地吗？现在弃汉王转投别处，谁敢再用你？"

韩信仍不肯轻易认输，说："汉王不用我，留下也无用。"

萧何循循善诱道："我明白，一个治粟都尉满足不了你的胃口，让你的雄才大略无法施展。可是，你想想，除了西楚霸王，各地之王有谁可与汉王抗衡。汉王不日必将东征，正是用人之际，你的离开于汉王、于你自己都是巨大的损失。你当年愿意忍耐，不就是等一日腾飞吗？就算你另投别处，别人会立刻重用你为大将军吗？"

韩信默不作声，陷入沉思。萧何继续说："我一直在找机会推荐你，你难道还不明白？走，随我回去见汉王，我保证你必受重用。"

韩信被萧何一顿责骂、教训、劝导，虽然心里很抵触，可他仔细考虑一番，又听到萧何的承诺，觉得不妨回去一试，也许是个机会。

萧何回去后，独自去见刘邦。刘邦喜怒交加，责备道："丞相为何逃跑？"

"臣不敢跑，只是去追赶逃跑的人。"萧何答。

"所追何人？"刘邦赌气地问。

"韩信！"

刘邦一听，怒道："汉营每天逃亡的将领达数十人，没见你去追过一个，如今却顾不上传话便马不停蹄去追韩信，我倒要看看这个韩信有多大的能耐！"

萧何不紧不慢地说："要得到一个普通的将军，是非常容易的。但像韩信这样的将才，目前再也找不到第二个了。如果大王满足于做个汉中王，有没有韩信都无所谓。可如果大王想得到天下，除了韩信就没有可以商量大计的人，就看大王如何决断了。"

刘邦内心触动，大声说道："我当然不甘于困在汉中弹丸之地。"

"大王如果真心想挺进咸阳，夺取天下，一定要重用韩信，他也会留下来踏实效力。如果不重用他，他迟早还是会走的。"

"既如此，就依丞相所言，拜韩信为将军。"刘邦对萧何的话半信半疑，但还是不想错失人才。

萧何摇摇头："他不稀罕这个。"萧何知道，如果不能给韩信争取一个令他满意的职位，依他那股傲气，再走是必然的。

听到这里，刘邦突然浮现出激动的神情。他心想，好你个韩信，野心可不小，暂且相信萧何，日后自然见分晓。

"那你叫韩信来吧，我拜他为全军大将军。我马上宣布此事。"刘邦大手一挥。

萧何这次追回韩信，心里已经决定要促成拜韩信为大将军一事，现在见刘邦如此随意答应，担心君臣再生龃龉，于是就想逼一逼刘邦。他出主意说："大王一向为人傲慢没有礼数，今天封大将军好像呼喝小孩子一样，这就是韩信要逃走的原因。大王如果诚心拜韩信为大将，就应该选个好日子，自己事先斋戒，搭起一座高坛，按照任命大将的仪式来办理，这样才行啊！"

萧何使用激将法，是希望引起刘邦重视，同时也间接提醒刘邦，近日很多将领离去，他需要改一改脾气了。

萧何说刘邦一向傲慢无礼，是知根知底，刘邦自然无可辩驳。他对萧何是百般信任，知道此时萧何的用意，因此乐意接受萧何的建议，设坛拜将，沐浴斋戒。

韩信需要的正是这种仪式感。有了这种仪式，刘邦就不会觉得，留下韩信是出于对萧何的尊敬，从而正视韩信对于自己的重要意义。韩信也会觉得刘邦是诚心诚意的，从而感念刘邦的知遇之恩。

最重要的是，通过这种形式，可以为韩信树立威信，否则突然冒出这么一个名不见经传的"大将军"，汉军里的那些虎狼之将怎会服气？

第四节 韩信的计策

萧何一生办过的冒险事不多，留住韩信是一件。在韩信手无寸功时，对其给予充分的信任并"逼迫"刘邦任用其为大将军，若非有超凡的胆识和超前的识人之能，是不可能这样做的。

刘邦同意拜韩信为大将军后，萧何进行了相关的准备工作。拜将当天，刘邦沐浴斋戒，整肃衣冠，率众臣浩浩荡荡地朝拜坛而来。

拜坛方约百步、高达两丈，坛四周插满战旗，猎猎招展。坛外站着手持戈矛的材官，所有将士、官员按预定位置排列整齐，全场庄严肃穆。

尤其是那些征战沙场的将士，更是翘首期盼，等待谜底揭开——谁将成为汉军主帅。那些自诩能够成为候选人的武将，激动中带着忐忑，生怕突然喊到自己，因为准备不充分而露怯。

拜将仪式的第一项是迎神，刘邦上香，众人随刘邦虔诚叩拜，然后为三牲献食、瘗埋、祷告；第二项是拜将，由奉常主持。万众瞩目的时刻来临了，主角即将登场，个个引颈翘首，希望第一时间目睹大将军风采。

"谨请大将军登坛行礼。"

只见一人身披铠甲，外罩素袍，腰挎长剑，昂首阔步走上拜坛。众人看清楚是韩信后，惊讶之余发出了不满的声音。

奉常朗声宣告："请大将军韩信受礼。"韩信趋步向前，刘邦授金印紫绶。

面对坛下众人的反应，刘邦明白很多将军心中一定不服，如果放任这样的情绪在军中蔓延，那就不仅仅是不服韩信统领的问题，甚至会产生"令行不止"的恶果。所以，他对着坛下大声宣布："以后军中事务全由大将军安排，望将军善体吾意，与众将士同甘共苦，匡扶正业。"但仍有人小声叨叨，刘邦厉声强调："如有蔑视大将军权威，有令不从者，依军法从严处置。"

韩信拜将后，面向刘邦，宣誓道："臣当竭股肱之力，忠贞不渝，以报汉王知遇之恩。"

至今在陕西汉中城南仍留有拜将坛，碑上刻诗一首："辜负孤忠一片丹，未央宫月剑光寒。沛公帝业今何在，不及淮阴有将坛。"拜将坛的存在，就是伫立在汉中的一面历史之镜。诗中的感慨虽略显偏颇，是从韩信的角度发出喟叹，却也可从中窥见韩信拜将一事在当地人心中留下的深刻印象。

拜将之后，刘邦打算检验一下韩信是否真如萧何所言有大将之才，于是问道："丞相多次举荐将军，将军准备如何教寡人计策？"

韩信彬彬有礼，反问一句："大王东出，对手可是项羽？"

刘邦答："强敌自然是。"

韩信又问："与项羽相比，勇敢、强悍、刚毅、仗义、人脉，大王哪一方面比他强？"

萧何一听暗暗吃惊。这个韩信看问题还真是眼光独到，一针见血。

这种逼迫式的对策，刘邦一时也不太适应。之前张良献策，都是循循善诱、娓娓道来，不像韩信丝毫不给自己留脸面，两句话问得句句掏心，倒是痛快。在韩信咄咄逼人的目光下，刘邦深吸一口气，老实承认道："都不如。"

韩信闻言，竖起大拇指："我王大度！"

通过对话，韩信看出刘邦是真心求教，并非做做表面功夫，于是话锋一转说："请允许我给大王分析一下项羽。"

韩信曾在项羽军中任职，加上平日搜集情报、反复揣摩，对项羽的性格特点有很深的了解："项羽武艺超群，有千斤之力，但不能任用贤良，这是匹夫之勇；项羽见了患病之人或长者，常常落泪赐予美食，可对于建立军功者却不肯赐予爵位，这是妇人之仁；项羽虽然自封为西楚霸王，与众诸侯均分天下，却分封不公；项羽违背义帝之约，定都彭城，众诸侯见他随意迁逐义帝于江南，都纷纷回到原来的领地自立为王；项羽每占一城，屠杀百姓无数，大家只是迫于他的淫威而不敢反抗，但已经失去了民心。所以，项羽表面看起来强大，但实际上很弱。而大王你就不同了。如果能反其道而行之，任用天下勇武猛士，有哪支军队不能剿灭？把攻下的城池分给有功之臣，还有谁会不服？"

如此条分缕析的分析，听得刘邦激动不已，正待大力表扬，见韩信仍滔滔不绝，就没敢打断。

韩信说："如果大王要挺进关中，关中地区的三个王不足为虑。章邯、司马欣、董翳本来都是秦将，带领的都是秦子弟，可项羽接受秦军投降时竟然使诈，活埋了二十余万秦士兵。你想想，那么多人殒命沙场，唯独这三个人不但没事，还封了王，秦士兵对他们恨之入骨，将他们视为秦叛徒。所以，只要我们一出兵，秦军就会倒戈。"

最后，韩信将目光转向汉军自身，慷慨激昂地说道："大王入武关、进咸阳，对百姓秋毫无犯，与民众约法三章，关中妇孺皆知，民众无不盼望大王得咸阳、关中。如今大王不得已来到汉中，民众都还记恨项羽呢！我们此时举旗东出，三秦可传檄而定！"

"好一个传檄而定！"刘邦兴奋得拍了拍手，对着萧何眉飞色舞地说，"真该早点得到韩信将军啊！"

萧何笑吟吟地说："此时正当其时。韩将军熟读兵法，必能助大王定鼎三秦，夺取天下！"

刘邦觊觎三秦日久，如今既然已经决定东出，就趁热打铁，与韩信、萧何不分昼夜地详谈如何出兵，如何组织后勤支援，如何与其他诸侯王取得联系等诸多事宜。

韩信一出手就是一招奇计：明修栈道，暗度陈仓。

为了迷惑项羽，在韩信的部署下，由樊哙、灌婴等人率兵从祁山道佯攻陇西地区，韩信自己则率部从故道奇袭陈仓，声东击西，出其不意。

萧何则全力筹备东出所需的粮草、军费、车马、戈矛、铠甲、弓矢、药品等军备和后勤物资。

将韩信这么一位籍籍无名的小人物直接提拔为大将军，可以看出刘邦使用人才不拘一格的胆略，这也基于他对萧何的极大信任，因为他了解萧何的谨慎，认可萧何的识人之明。

第八章

留守后方

第一节　开发与治理

决意进军关中后，刘邦与韩信开始筹划进军路线，拟定出征时间，加紧训练军队。以汉中为根基，以巴蜀为后援，这个大方针确定后，对萧何来说责任也已明确。除了负责汉中各地的治理外，全力搞好后勤支援、筹措钱粮、补充兵员就成为他工作中的重中之重。

秦统一后，曾把山东六国的大量富豪、强宗迁徙到汉中，本意是让六国贵族脱离乡党，断绝其作乱根基。但这些人关系广，脑子活，能力优越，集中到汉中郡后，竟使汉中在短时间内成为富庶之地。刘邦被封为汉王，辖域正是巴郡、蜀郡、汉中郡。

相较巴、蜀两郡，汉中资源奇缺。萧何分析具体情况后认为，要保证大军批量的、长期的供应，主要精力还应该放在巴蜀地区。

巴蜀之地幅员辽阔，数十倍于汉中之地，农耕条件优越。《后汉书》记载："蜀地沃野千里，土壤膏腴，果实所生，无谷而饱。女工之业，覆衣天下。名材竹子，器械之饶，不可胜用。又有鱼盐铜银之利……"尤其是各种资源，如铜、铁、竹、木等制作武器的必备之料，极为充盈。同时，各种蔬菜、药品、大米等的产量也高。巴蜀地区"土壤膏腴"适合农作物生长，奠定了粮草长期供给军队的基础。岷江、嘉陵江等河流贯穿境内，雨量充沛，为农业发展提供了优越的条件。

唯一的缺点是：巴蜀之地道路艰险，物资运输十分不便。

为了加强对巴蜀这两郡的综合开发和治理，萧何采取了整理、传承、革新三步走的路子。

一是整理户籍，综合管理，稳定治安，把准税源。秦国征服巴蜀后，将大姓首领和部众纳入统一的编户体制当中。"四境之内，丈夫女子，皆有名于上，生者著，死者削。"[1]这里的"名"，就是秦朝的户籍。就是说，将百姓的名字登记于国家的户籍上，但很多少数民族仍然保持着部落这一组织结构。萧何在改革中继续传承秦的编户制度，将"名"改称"名数"，统计数据时将姓名、年龄、土地、爵级等内容充实完善，作为征收赋税的重要依据。

---

[1] 出自《商君书》。

同时，为了保证该地区治安稳定，把大姓血缘组织进行重新分化，根据居住地特色，纳入地缘性乡、里结构当中，与新的居民混居，促使板楯蛮（少数民族）内部难以形成强大的凝聚力，以此避免发生战乱。

二是废除盐铁专卖制度，盘活经济。秦国一直沿用商鞅变法"重农抑商"的传统，打击商业行为，以制度的形式明确规定盐、铁、酒等多达数十种的物资，由官府控制进行专卖。这种专卖制度，虽然在短时间内能迅速增加国家财富，加强对百姓的控制，但是不利于工商业的长久发展，甚至容易滋生腐败。萧何汲取这一教训，废弛盐铁专卖制度，让当地民众积极参与铜铁等资源型物资的交易，吸引外地商人进入该地区赚取利润，在盘活经济的同时增加了这类武器备用原材料的储备，加快了商业流通，增加了供给。

三是改革文化，促进民族团结，增强民众认同感。由于秦王朝多次移民巴蜀地区，使得中原地区的语言文化、行为方式、价值观念、精神风貌、风俗习惯等逐步对巴蜀产生了影响，经过较长时期的交流、融合，引发了巴蜀文化的转型。当地人首先学会了秦朝官方语言，从"蜀左言"（少数民族语言）变为"民始能秦言"。至刘邦来到汉中定都时，古蜀语基本消失，"言语颇与华同"。萧何牢牢把握住这一优势，引导当地人在语言转化的同时，学习中原风尚习俗，在车服器用、丧葬嫁娶、社会交际等多方面让大家与时俱进。这种文化的融合，增加了民族团结。文化改革措施的实施，减少了沟通难度，在便于管理的同时，确保了行政命令能够迅速上传下达。

四是赐爵位和田宅，鼓励民众积极参军。原先当地人参军热情不高，甚至认为远离家乡打仗是"为别人服务"，对参军有抵触情绪。秦曾几次强征，但民众并非从内心服从。萧何发现这种情况后，认识到目前汉军东出打天下，最缺少的就是兵源，于是及时颁布律条，告诉这些少数民族民众，参军可以改变地位、获得爵位，并可以挣得田宅。这样一来，民众的参军热情高涨，壮年男子均希望从这场变革中攫取红利，光耀门庭。这一承诺，在汉高祖五年（前202年）发布的"罢兵赐复诏"书中得到了兑现。一大批有军功的将士，获得了爵位和田宅，成为新兴的军功地主。这批人罢兵归家后，成为汉王朝在巴蜀各地进行统治的坚强支柱。

五是鼓励农业生产，减租减税。萧何颁布了一系列政令，鼓励民众利用优越的自然条件，开垦荒田和加大农业投入，大力种植大米、黄米、小米等作物，保证官府"有粮可买"；同时，展开舆论造势，向广大民众大力宣传：只要战争时积极提供粮食，汉王会给予赋税减免。这就有利于后期征收军粮。这一点，在刘邦率军攻入咸阳后不久就及时兑现了。汉高祖二年（前205年），刘邦下诏："蜀、汉民给军事劳苦，复勿租税二岁。"诏文中"劳苦"两字，远不能诠释萧何呕心沥血的付出，也不足以体现巴蜀民众鼎力援助的艰辛。但这个诏令的颁布，让上一年积极捐粮的板楯蛮看到了汉王的诚信，也得到了实惠，一下子就减免了两年赋税。示范作用也是明显的：当官府再发出号召时，民众踊跃捐款捐物，有力地保障了前线军队足粮足饷。

萧何所采取的以上措施，无论从安定百姓、发展生产，还是建章立制、积蓄力量等方面，都取得了显著效果，在刘邦"还定三秦"之后仍继续发挥着重要作用，形成了"汉中"补充"关中"的独特现象。

萧何对巴蜀地区的改造，既遵循了自然规律，又兼顾汉军利益，构筑起和谐、安定的巴蜀新格局，巩固了脆弱的"汉"政权，为建立汉朝提供了很多有益的借鉴和参考，积累了丰富的实践经验。

萧何在这次考验中展现出的综合考量、整理分析、取舍重组等才能，证明了他确是统筹兼顾、合理决策的"通才大儒"，足以胜任立国丞相！

第二节　构建汉中水利网

一旦大军出征，就需要源源不断地供应粮草和各类军需。萧何深知取得天下并非一朝一夕之事，所以在保证军需的同时，他也做好了长期经营汉中、巴蜀的准备，为汉军筑牢后方大本营。

粮食始终是最大的问题。他不能仅仅考虑如何从百姓手中征得粮食，还要思考如何扩大种植面积和提高产量，以求长期供应。

食赖以田，田赖以水。

汉中地区北边，海拔三千余米的秦岭像一道高耸的城墙，挡住了风，也挡住了水。秦岭南麓的汉中盆地沿着山脚平铺开来，由于地势高，百姓常受缺水之苦，严重影响农业发展。

反观巴蜀，地域辽阔，也算丰饶，但因路途遥远、险恶，粮食运输成本居高不下。汉中距离关中较近，相较于巴蜀，运粮非常便利。

因此，萧何决心治理汉中之水。

巴蜀地区治水历史悠久，先有大禹治水，后有李冰修筑都江堰，避之以害，驱之以利，排除涝渍，使涸田复耕万顷，粮食种植面积增加，产量不断提高，使巴蜀地区赢得了"天府之国"的美誉。

萧何调动巴蜀地区技术熟练的水工，将治水的宝贵经验运用到汉中地区，仔细勘探，制定合理可行、"疏堵结合"的水利工程方案。经过反复考察和论证，他决定先在褒水（褒河）修筑一座堰，管理过境之水。

褒水自北而南走向，在河上筑堰，既可在降水少时蓄水，将水引至大河两岸，灌溉田野，亦可在雨量充沛时排洪泄涝。这个工程，民众称"萧何堰"，后又称"山河堰"。《舆地纪胜》记载："山河堰，本萧何所创，相传为萧何堰。后乃语讹为山河堰。……府志，萧何始立为二堰，曹参落成之。诸葛亮驻汉中，重迹增筑，至复坏。"

山河堰是汉中地区现存的诸多堰堤中最大的一个，共有三堰。第一堰在褒城北三里，名为铁桩堰；第二堰为主堰，也称官堰，位于褒城东门外；第三堰渠首在第二堰下一公里处。

褒水上宽下窄，修堰需要廓清河道，再加以筑堰。

这项工程在汉军出征的背景下修建，开工便遇到了困难：一是人手问题，二是不能耽误春耕。因此，开工时间放在了秋后，也正是天气逐渐转寒之际。汉中气候寒冷，工程又在秦岭山地进行，这使修建难度又增加了几分。以第一步廓清河道为例：需要在上游河岸的一侧拦水，从旁引流，民工需要进入河道施工。没有防水的衣物，民工们就直接跳入冰冷的水中。

无论是从当时的自然条件，还是从刘邦进军关中的战略大计考虑，都需要按时、保质地完成水利设施的建设，所以萧何设立了专门的治水机构，亲自监督。

至于修筑方法，《陕西通志》记载："以巨石为主，锁石为辅，横以大木，植以长桩。"由此可知，山河堰是以大石块为主堆砌、碎石填充，以大型木料固脚、以大木桩固定的截流工程。另据曾任汉中博物馆馆长的郭荣章先生考察，修筑时"先围之以木，聚以石，筑坝拦水，再开渠引水溉田"。也就是说，修筑时是先用木桩和木料沿河面铺开，然后填入石块，筑起大坝拦水，才开始修渠。

在当时技术手段有限的情况下，采伐大型木料和巨石的难度可想而知，更别说筑堤拦水和开渠引水了。

资金更是个大难题。资金筹措不外乎以下五种渠道：一是朝廷拨款。由于战乱频仍，朝廷根本没有能力拨这笔款。二是地方财政支拨。这一点萧何可以协调汉中、巴蜀共同承担，他是汉丞相，相对好统筹。三是专门捐税。设立水利税，让受益的民众适当出一些。四是个人捐款。即动员境内富商自愿捐助一些。五是民间自筹。这也是筹措方式中最难的一项。秦朝刚被推翻，长期繁重的徭役赋税是百姓心中的一道沉疴，尤其是巴蜀地区的民众，这些水利工程他们并不直接受益，如何动员该地区百姓参与并支持，就要动脑筋。

所幸巴蜀地区的百姓经历过水患，又受过秦蜀郡守李冰的恩惠，知晓官府治水是给农人头顶擎起一把"晴雨伞"，有伞庇佑，丰歉不同。因此民众对治水功臣素来心怀敬意，充满感激之情。加上刘邦严肃的军纪在当地建立的良好口碑，萧何便充分发挥"人和"优势，阐明巴蜀、汉中皆为"汉王之国"的道理，取得了民众的支持，使他们乐意从自己口袋里掏钱支持水利建设。

萧何还制定了一些合理的用人制度。比如，参与水利工程的水工、木工、石匠等专业技术人员，可免予出钱；钱粮不足的人家，可以出工抵扣，这样就解决了劳动力的问题。

山河堰是水利设施的枢纽工程，完工后，萧何又迅速修建与之配套的辅助水利设施。汉中市至今还有"始于汉初，创自酂侯（萧何封号）"的王道池、小王道池、顺池、草池、月池、南江池六大名池，形成了堰、渠、塘为一体的水利工程网络。水如人之血液，从堰之枢纽，流向万千田野。

山河堰作为一项伟大的水利工程，与关中的郑国渠、白公渠和四川的都江堰齐名，是汉中有史可考、历史悠久、规模最大的农田水利灌溉工程，灌溉褒城、南郑两县良田万顷，后经历朝历代多次整修，至今对汉中农业生产依旧发挥着重要作用。

山河堰并非萧何兴修的唯一水利工程，《嘉庆重修一统志》

载："流珠堰，亦汉相萧何所筑，宋嘉祐、乾道，元至正年重修。"流珠堰因"势若流珠"而得名，位于今汉中市殷家营村。

在汉中乃至整个巴蜀，至今还大量保存着汉代修筑的堰、渠、塘（池）。"兴水利，而后有农功；有农功，而后治国。"这些水利设施的建设，无不彰显了治水、农业生产与政治稳定的关系。而一力主持修建的萧何，其"以水赢德，以水助政"的独特功劳，惠泽了汉朝数百年。

水泽大地，德润心田。每一个真心为百姓做出功绩的人物，百姓心中都会为他竖起一座丰碑，代代传颂其功德。汉中人民为感念萧何修建山河堰的丰功伟绩，修建了山河观功德庙宇。

萧何在汉中织就的水利网络图，形成了汉中地区的农田水利雏形，增加了灌溉面积，使得仓廪丰实、蓄积丰饶，为"足兵足食"夯实了基础。

拂去历史遗迹的尘埃，从块块石碑上凿刻的凹陷字迹里，从风雨剥蚀过的巨大石条坑槽中，依稀还能听到汉中百姓战天斗地、改造自然的震天呐喊，还能看到他们挥汗劳作的身影。明朝汉中知府郭元柱作诗云：

汉祚炎隆四百年，萧曹事业冠郡侯。

当年将相今何在？惟有山河堰水流。

诗中的"曹"，即曹参，后接替萧何任丞相。从诗中可以看出，到曹参继任后，萧何主政期间主持修建的这些水利工程才正式完工。在其他大政方针上，曹参也追随萧何的脚步，因此有"萧规曹随"之说。萧何的开创之功，铭记史册。

第三节　招募少数民族兵员

萧何坐镇汉中，为保证粮食生产而主持修建了一些水利工程；同时，为保证汉军兵员得到及时的补充，他也做了不少努力。

古代军队中有个独特的现象，战场离士兵的家乡越远，士兵的战斗意志越弱。刘邦手下的兵卒大多是中原子弟，越秦岭，定汉中，至巴蜀，有的畏惧路途艰险，有的不适应当地的生活环境，也有的水土不服，这些客观现实加上浓厚的思乡情感，使很多士兵弃营而逃。

为及时遏止这股潮流，刘邦采取了最严厉的军规，但已经形成的减员现状，则是萧何必须面对和解决的。

此前，由于战国争霸、连年征战，动辄调动数十上百万军队参战，战争导致减员严重，秦已将"始傅"（开始当兵）的年龄定为男子十七岁。秦亡后，鉴于刘邦军队面临的新情况，萧何将男子服兵役的年龄降低了一两岁，也即十五六岁。汉朝建立后，直到汉景帝二年（前155年）十二月，为执行"轻徭薄赋"政策，才将男子服兵役的年龄上调到二十岁。

萧何的措施虽然增加了兵员，勉强能弥补士兵逃跑造成的人数空缺，但仍远远无法满足刘邦的需要，军队缺员还是非常严重。巴蜀之地远离中原，如果一味依靠中原子弟，显然是不现实的。

巴蜀之地，少数民族众多，既有长期居住在该地区的土著民族，也有从外地迁入经长期融合发展形成的族系。如何协调、动员，让大家形成统一的观念，乐意参军，是萧何要考虑的问题，只有打开这个突破口，才能从根本上改变兵员不足的现状。

《华阳国志·巴志》记载："阆中有渝水，賨民多居水左右。天性劲勇，初为汉前锋，陷阵。"

可以看出，萧何成功做通了賨民的工作，让这些骁勇的少数民族民众参军。他们在刘邦再次夺取关中、咸阳的战斗中是作为"前锋"的。萧何动员他们的手段，首先是极力抬举他们，承认作战中唯有他们最熟悉地形，又英勇善战。受到激励的賨民也明白，刘邦大军压境，主动参军换来的是荣誉和恩赐，若逃避参军，换来的可能就是杀戮，何况汉丞相萧何如此看重他们，所以他们参军的积极性也更高了一点。其次，萧何承诺，賨民参军之后可以获得军爵，提高地位，与汉人一样享有封侯称爵的待遇。此前，秦朝对这些"西南夷"主要是改造和压迫，现在有了升迁的机会，他们自然要牢牢把握。

果然，这些少数民族将士在"还定三秦"的战斗中，作战勇猛，发挥了"急先锋"作用，受到刘邦的大力肯定。《后汉书·南蛮西夷列传》记载："其板楯蛮夷者……至高祖为汉王，发夷人还伐三秦。秦地既定，乃遣还巴中，复其渠帅罗、朴、督、鄂、度、夕、龚七姓，不输租赋，余户乃岁入賨钱，口四十。世号为板楯蛮夷。"

由此可见，这些将士功勋卓著，因而在汉朝建立后，回到他们的家乡，不仅恢复了原有的古老的七大姓家族，还被减免了赋税。这对于汉朝建立初期的政治稳定也具有十分重要的作用。

这一次征兵，萧何采取的因地制宜的策略，既灵活多变又尊重现实，实际上是"以战止战"的另外一种解读。少数民族如果不肯参战，势必还和以前一样，无形中成为汉王国中的"少数民族小国"，他们在接受汉王国统治的同时，也暗藏着"抵抗"的冲动。汉王国建立后，想让这些臣民驯服，若采取高压政策，则既要动用军队又要消耗财力。而这种提前介入的办法，让少数民族主动参战，成为"汉王国"的一员，增加了他们的认同感和归属感，既解决了当时兵员之困，又免除了日后"征剿"的后患。这种做法确实蕴含着过人的智慧和不凡的政治策略。

还有一点，就是人际关系因素。在这场征兵运动中，萧何补充的这支少数民族汉军，与原有军队中其他各系互不干扰，独立成军，有效避免了与沛县军及原有的楚地杂牌军的摩擦。这支新军，因为没有复杂的人际关系和各系归属，巧妙地转化为刘邦的先锋军，对于指挥调动十分有利。

第四节　足额供应军需

战争胜负的决定性因素，除了兵员，还有钱粮、武器等军需物资。打仗打的是钱，打的是粮草，自古皆是如此。这是因为，即使不作战，将士们也需要吃喝，如果军费和粮草出现短缺，军心就会动摇；如果军队缺少武器，作战就容易失败。

而军队的后勤保障，仅靠短视、短效的办法，远远无法满足长期作战的需要。楚汉相争到最后，"项王军壁垓下，兵少食尽，汉军及诸侯兵围之数重"。项羽若是粮草充足，或许军心不会动摇得那么严重，也就不至于会兵败垓下。

所以，萧何要做的不只是一般性保障，而是穷尽方法，足额足量地供应军需。

前线战事稍微放松时，萧何还能松一口气。战事越是吃紧，后勤保障越是吃力。《华阳国志·蜀志·总叙》记载："汉祖自汉中出三秦伐楚，萧何发蜀、汉米万船而给助军粮，收其精锐以补伤疾。虽王有巴、蜀，南中不宾也。"

一般来说，其他物资可以按量运达，而军粮运输在途中会产生损耗。因此，每次运输之前，萧何都要把将士所用军粮加上损耗一起计算，以便保证足额供给。计算出数量后，根据各郡面积大小、当年当季粮食丰歉等情况进行综合任务分配。粮食征缴后，根据库存陈粮的质量进行合理搭配，保证新粮、陈粮的配比，不至于出现某一个军营全部为新粮，而有的军营则全部是陈粮的情况。

楚汉战争时，各项惠民策略虽然有效促进了农业的生产发展，但时日尚短。对于萧何来说，征集万船之米本已不易，在巴蜀道路艰险的情况下，如何把这些粮草快速安全、省时省力地运送到军营，更是难上加难。

萧何借水利之便，巧妙采取了水陆联合"接力"运输的方法。

他经常走的一条路线，就是将蜀地征集的粮食，经"故道水"

汇集于沮县，再从"故道水"溯水而上，至故道后，翻西秦岭入散关直抵陈仓，再由前方将士根据提供的"物资名单"前来提取。

"故道水"，后又被称为"汉水""西汉水"，今为嘉陵江。沮县至故道的水路异常艰险，而陆路据《史记·河渠书》记载，"多阪，回远。"意思是沿途多山岭，迂回绕远。楚汉战争结束七八十年后，汉武帝为了解决这一段的漕粮运输，曾想出"通褒斜"的法子，将褒水、斜水之间的秦岭山道扩宽，整修平坦，想着先通过陆路将粮草运到斜水上游，然后快速运送到长安城。无奈修成"褒斜"水道后，水流湍急，漕船无法运行，只好作罢。

从汉高祖刘邦立汉起，历经惠帝、前少帝、后少帝、文帝、景帝至武帝六个皇帝，跨越半个多世纪的时空，仍在努力解决此段交通运输不畅的难题，由此可以想象萧何运送粮草的艰辛程度。漕粮走陆路，窄而险峻；行水道，则面临着船只倾覆、人粮皆失的危险。

萧何素来行事谨慎，当然不可能完全依靠这一条线路。否则一旦出现大量粮草军需损毁的情况，前方就会军心动摇。因此，萧何同时选用了距离远但相对平坦、虽是捷径却险要的另外几条米仓道、金牛道和子午道互为补充。米仓道由北向南，穿越大巴山、米仓山，行走在这条道路上，犹如腾云驾雾一般，此路险居岩侧，陡临深渊，上下攀登，十分难行。米仓道加上金牛道、荔枝道，构成了东北方向进入关中的三条主要线路。

萧何运送粮草军需选择的道路，采取的是"主线兼支线，陆路加水道"多线并用的复合交通网络。这些道路虽然都极为险峻，但多条道路并行，解决了单一路线"一损俱损"的弊端。

在选择粮草押送官员时，萧何也是慎之又慎，所选之人要有极强的责任心和毅力；其次要有解决问题的能力，一旦遇到突发状况，要能快速决断；然后要细心，能仔细观察总结粮草损耗的原因和数量多少，送抵营内由管后勤的军官一一核实，并将数据带回。

对于每次运送的情况，萧何都会仔细过问，做到心中有数，并在以后的粮草运输中尽量减少损耗，制定各种突发状况的应急措施。

除了想尽办法筹集、运送粮草，萧何还要监督铜、铁的开采和冶炼，多方调动工匠，制作武器供应前线。那些负责运送武器到前线的士兵，通常会收集战场上损毁的武器，运回后方进行整修或回炉冶炼后再利用。

可以说，汉军一路东征，如果没有萧何在后方经略汉中、巴蜀，提供后勤保障，是绝对难以成功的。难怪刘邦在建立汉朝后论功时，无限感慨地说："镇国家，抚百姓，给馈饷，不绝粮道，吾不如萧何。"

第九章

经略关中

第一节　管理关中根据地

刘邦率军还定三秦后，萧何也随之迁到关中，开始着手打造以咸阳为中心的关中根据地，兼抚汉中、巴蜀。地盘大了，他需要处理的事务也更加繁巨。

此时的咸阳，虽被项羽"引兵西屠咸阳，杀秦降王子婴，烧秦宫室，火三月不灭"，在常人眼里民生凋敝、满目疮痍，但在萧何眼里却如蒙尘遗珠，假以时日，定能旧貌换新颜。

这是因为，咸阳虽然被烧，但并未撼动关中的根本。关中经秦帝国多年经营，尚属富庶。项羽初入咸阳时，有人就给他描述：

"关中阻山河四塞，地肥饶，可都以霸。"这说明关中是战略要地。从《史记·货殖列传》对关中的记载："关中自汧、雍以东至河、华，膏壤沃野千里……好稼穑，殖五谷，地重，重为邪。及秦文、德、缪居雍，隙陇蜀之货物而多贾……故关中之地，于天下三分之一，而人众不过什三；然量其富，什居其六。"从中可以得出以下信息：

第一，关中地区土壤肥沃，秦民继承先民之遗风，喜好农事，种植五谷，把土地看得很重。

第二，关中地处货殖交通要道，商贾众多。

第三， 关中地域辽阔（太史公把汉中、巴、蜀之地均列为关中），占天下三分之一，人口占十分之三，而财富却占天下十分之六。

再从地理位置和自然条件来看，关中在四塞之内，境内河流遍布，较大的河流有渭水、沣水、泾水、灞水、滈水、浐水、涝水、潏水，号称"八水绕长安"。从政治地位来看，自战国时期至秦始皇统一六国，都城雍、栎阳、咸阳等均在关中。从农业发展方面来看，秦朝大修水利，拥有先进的生产力和完备的社会制度。郑国渠的修建和牛耕推广、灌溉田地都是先进生产力的典型产物。以家庭为单位的社会生产制度、军功授爵的社会分配制度，属于先进生产力形成的新的生产关系，这些都是关中富庶之因。其中，用牛耕地，唯有秦国最为突出，中原各国均未大力推广。

汉军的势力扩张到关中后，不少被项羽分封的诸侯王纷纷前来投靠，王陵便是其中之一。

刘邦见形势对自己有利，高兴地对得力助手萧何说："萧相，看来真如你所料，这天下非归我汉不可。"

萧何对自己经营后方保障前线的结果很满意，赞同地点点头："这是因为我们打的是正义之战，乃人心所向。前一段时间，沛人王陵率领来投的总有四五千人吧。"

刘邦意气风发地说："是啊，想当初，王陵兄真是呼风唤雨、无所不能，和你萧兄相比，似乎也不差吧。那时候在沛县，我待王陵兄如亲兄弟，起兵后多次邀请他加入汉军，可他据守南阳，偏偏不肯。如今听说我们要征讨项羽，他在这关键时刻前来投奔，可见汉军名声在外啊！"

刘邦出身贫寒，沛县的富家子弟王陵选择在这个时候归汉，对刘邦来说是个莫大的鼓励。出身贫寒的人，容易在家乡人面前不自信，因为家乡人了解他的落魄。

对于王陵这个昔日曾鄙视自己的家乡人来归，刘邦愈加觉得曙光在望，雄心大振，感慨道："还有张耳，这在以前可是想都不敢想啊！"

刘邦年少时曾去投奔战国四公子之一的魏无忌，有幸结识了魏无忌的门客张耳，从那时起，张耳就成了刘邦的"精神导师"。如今张耳被陈馀打败，也来投奔刘邦。这种巨大的反差，让刘邦意识到汉军已今非昔比，实力大增。

萧何自然明白刘邦心中所想，进一步激励道："大王先入咸阳，让大家看到了汉军的骁勇；约法三章，又让大家看到了大王的仁慈；如今人心归汉，有大将军韩信统兵、策士张良辅佐，汉军如虎添翼，灭楚兴汉指日可待。"

萧何的话给刘邦打了一剂强心针。重返关中又让刘邦想起此前离开咸阳时与百姓"约法三章"而成为美谈。如今，他更要设法笼络人心才是，于是询问萧何："汉在关中根基未稳，丞相可有对策？"

萧何拱手行礼："我王思虑深远。"

随后，萧何建议刘邦将新收复的地区按郡县制重新划分，及时补充和任命官员，比如曾为秦国泗水郡卒史的沛人周苛、周昌兄弟分别被任命为御史大夫、中尉，这样既健全了政权机构，又笼络了人心。

更为重要的是，萧何认为纵观天下形势，关中更适合定都，将之作为根据地，便能在关中打下深厚的根基。

汉二年（前205年），刘邦在萧何的建议下，决定将"东通三晋，亦多大贾"的秦国旧都城栎阳定为国都。

栎阳位于今陕西省西安市阎良区武屯镇官庄村和御宝屯一带。据考古发现，栎阳城遗址东西宽一千八百米，南北长二千二百米，呈长方形。城有六门，城内有东西主要街道两条、南北街道一条。

栎阳曾是秦朝的都城，因商鞅在此实施变法而闻名。战国时期，秦献公、秦孝公在这里励精图治、除旧布新，带领秦王朝走上了强国富民之路，为秦统一天下奠定了基础，后因栎阳城小而迁都咸阳。

栎阳虽小，但它在关中的地理位置却十分特殊。它"北却戎翟，东通三晋"，是重要的交通和战略要塞。近年来的研究表明，当时通往三晋的大路必经栎阳，所以这里的大商人很多。栎阳的战略地位更加突出，它是关东离黄河最近的重镇，控制着进出黄河东部的交通线，当年秦献公"镇抚边境，徙治栎阳，且欲东伐，复穆公之故地，修穆公之政令"，就是出于对外策略的需要。项羽"立司马欣为塞王，王咸阳以东至河，都栎阳"，则是为了防范刘邦东出。

萧何认为，咸阳城已被项羽一把火烧得残破不堪，不适合再作为都城，此时汉军也没有足够的财力、精力去修复庞大的咸阳城。栎阳是由关中东出函谷关的战略要地，建都于此，既能"王关中"，又便于向关东的广大地区出击。

栎阳，在不知不觉中成为秦、汉两朝的跳板，成为刘邦争夺天下的大本营。

定都栎阳后，萧何再次上书刘邦，颁布了一系列瓦解敌军、稳定根据地的政令：

一、号召民众重新整修河上要塞，巩固关中根据地。

二、率一万人或一郡来降者，封万户。

三、赐民爵、赐牛酒。[①]

四、蜀汉民众的军役负担较重，免除两年租税；关中从军的士兵，免除全家一年赋税。

五、大赦罪人。

这些政令的发布，稳固了汉王朝的建国之本。在搞好政权建

---

① 牛酒：牛和酒。指用作馈赠、犒劳、祭祀的物品。

设的同时，刘邦继续向东、西、北三个方向扩张领土。

刘邦率军出征，整个"国家"（关中及汉中、巴蜀等地）就交给萧何全权治理。这种极度的信任，也让萧何愈加珍惜，马不停蹄地开始了综合治理的步伐。

身为丞相，他要做的就是为"天下必将归汉"打好基础，稳住关中这块根据地，以此为大本营逐渐向外扩张。

此前他治理汉中、巴蜀地区积累了一些经验，但毕竟才四个多月时间，关中地区长期作为秦王朝的帝都之地，其先进的管理系统、境内各郡县的管理特色等，都是可以学习借鉴的。

萧何组织人员认真核实财政、教育、刑事、民事、盗贼、灾荒等计簿，了解百姓收入现状和期望改革的地方，研究改革良策，确定了"一切为战争服务"为主的总方针，实施三步走的策略：

第一，保汉中，稳关中，维持现状，缓行改革。

汉中、巴蜀已进入有序运转状态，这个可靠的后勤保障地必须牢牢保住、不动摇，作为第一供给地。保持原有郡县政权各级官员职位不变，让他们继续履行职责，维持社会治安，征收各项赋税。同时暂缓推行大幅度的改革，以保持原有的平衡。

第二，抚百姓，行教化。

百姓作为最底层群体，也是整个社会中最庞大有力的群体，民心向背直接决定王朝统治的稳定与否，他们汇聚成庞大力量，足以颠覆或加速朝代的更迭。萧何希望百姓的力量能和国家的愿望达成一致，同频共振，于是延续以前入咸阳汉军"约法三章"的宣传效果，扩大推广力度，以求大范围赢得民心。

秦朝繁重的徭役压得百姓喘不过气来，项羽火烧咸阳和屠杀行为，更是雪上加霜，把百姓置于水深火热之中。经历连年战乱的关中地区，壮年男丁大都入伍，此前，萧何已经建议刘邦减免关中从军者家人一年的赋税。现在萧何决定大力改善百姓的居住环境，进行战后重建，以安抚民心。人民生活安定，自然会心向汉军。

萧何还通过选举"三老"推行教化。《汉书·高帝纪上》载："举民年五十以上，有修行，能帅众为善，置以为三老，乡一人。择乡三老一人为县三老，与县令、丞、尉以事相教，复勿徭戍。以十月赐酒肉。"

推举的"三老"，年龄都在五十岁以上，德高望重，具有一定的号召力，让他们协助县长，教育百姓，免除他们的税收，并在每年年底赐给他们酒和肉。这样做既顺从了民意，又推行了教化，有利于社会的和谐稳定。

第三，不绝粮道，快速支前。

汉军出征后，前线每时每刻都需要补给，但萧何深知欲速则不达，所以生产恢复阶段的供粮仍以汉中、巴蜀之地为主，让关中百姓休养生息，加快恢复农业生产；关中地区稳定后，再逐步提高关中地区的供粮比例；若关中地区丰收，则以关中农业生产供粮为主，汉中、巴蜀为辅助，合理调配，保持平衡。

在关中，萧何大力修整了原有的粮道和驰道，使其更加便于运输，在减少运输成本的同时，有效保证了后勤供应的及时性。

唐代刘长卿一句"今日关中事，萧何共尔忧"，形象地道出了萧何治理关中时的无尽付出。这个时期的萧何，虽身累心忧，却也是人生中最辉煌的岁月。这一时期，刘邦对萧何给予了充足的信任，使其平生所学得以充分施展。当然，萧何也不负刘邦的信任，让刘邦无后顾之忧。

第二节　及时补足汉军缺额

当萧何忙于治理关中时，刘邦打着联军的旗号，继续引军东征。

刘邦正式打出联军旗号，是从项羽派人杀天下共主义帝开始的。项羽抛弃这个用以号令各路义军的傀儡，加速了诸侯的四分五裂，也给了刘邦进攻的口实。

刘邦攻打项羽，没有简单地用蛮力，而是揪住项羽杀义帝之事大做文章。他脱衣袒臂，号啕大哭，临哀三日，公开为义帝发丧，大打悲情牌，以此号召天下诸侯与自己达成伐楚联盟，从战争和道义上双重打击项羽。

刘邦这一招用得不错，军队士气大涨，攻势锐不可当，先后有魏王豹、殷王司马卬投降。这一次，刘邦采取攻一城定一郡的办法，攻取河内后就设立河内郡，这种稳扎稳打的办法，为筹集军粮和打通运输线奠定了基础。

汉二年（前205年）四月，刘邦率领诸侯联盟五六十万军，一举攻入项羽的根据地彭城。

在胜利面前，刘邦忘乎所以，"收其货宝美人，日置酒高会"。或许是刘邦"好酒及色"，天性使然，或许是报复项羽违背"先入关者王之"之约，竟无人阻止这场荒诞的闹剧，其后果是刘邦丧失了定鼎天下的一次良机。

战争形势瞬息万变。项羽听说刘邦攻打彭城后大怒，亲率三万精兵紧急回援，出胡陵至泗水郡，双方展开激战。汉军此时已被胜利冲昏头脑，兼之楚军善战，半天时间，项羽军便攻入彭城，击溃汉军。汉军南逃，在谷水、泗水被楚军杀死者达十几万。在灵璧以东的睢水，又有十余万汉军被杀死或挤落水中，一时间"睢水为之不流"。仓皇之下，刘邦等数十骑乘大风突围，向西逃走。

彭城之战是项羽的巅峰之战，以三万兵力击溃五六十万汉军，是历史上典型的以少胜多、速战速决的军事奇迹。

谁的拳头硬，作壁上观者就会依附于谁，这是强权游戏的规则。顷刻间，形势急转直下，楚军大获全胜，各诸侯小弟纷纷倒戈，"皆复与楚而背汉"。

下邑此时在吕雉的哥哥吕泽手中，刘邦、张良等从彭城战场逃脱，策马驰往下邑，同时收集散卒，获得喘息的机会后，紧急退守荥阳。刘邦在逃亡中路过沛县时已经做了最坏的打算，打算顺路接走家人。不料父母和妻子吕雉先是随舍人审食其逃走，后被项羽抓去。五岁的儿子刘盈和三岁的女儿鲁元公主不知去向，所幸刘邦在半路上遇到儿女，遂同乘一车，但途中为减轻负担快速逃命，刘邦数次将刘盈和鲁元公主推下车，被滕公夏侯婴拼死救回，才没有落入楚军之手。

为了逃命，连儿女性命都不顾，刘邦真是铁石心肠，也足以见他此时的狼狈不堪。

汉军惨败，兵员告急！这个时候，刘邦全部的希望，都寄托在留守关中的萧何身上。

由于东征大军的全线溃败，征招成年男丁已远远不能满足兵员的需要，萧何当机立断，扩大征召年龄范围，把没有在服役名册上登记、应免于兵役的老弱及少年，也都纳入征召范围。

这是无奈之下的应急策略，可见萧何并非"读死书"的儒生，也并非只会讲"仁慈"的文臣。他明白，危急时刻，必须采取非常规手段，救汉军于垂危。

扩大征召范围、让罢卒（服役期满）及老幼进入战场的关键在于能否得到民众响应，被征召的百姓是否愿意奔赴前线。

萧何平日里的惠民政策，在这时派上了用场。同样的一件事情，换个人去执行就有不同的效果。

如果萧何平日里不知道为百姓着想，一味像秦朝那样压榨百姓，这个时候突然下达募兵的命令，势必会引起民众的反抗。可萧何自从还定三秦以来，在八个多月的时间里，处处体恤百姓，赢得了民心，使百姓从"秦"民变为"汉"民。

所以，在听到爱民的丞相萧何发出"国家有难"的号召后，百姓们都生出了"匹夫有责"的慷慨雄心，纷纷报名参战，说不定还可以获得军爵，光宗耀祖。

很快，萧何就将关中数万子弟送至荥阳。看到从关中源源不断输送来的兵员，刘邦甚为感动，并靠着这些生力军重新振作起来。

两个月后，刘邦回到栎阳，立刻作出了最重要的两项部署：

一、立刘盈为太子，由萧何辅佐。这就确保了即使刘邦战死，汉王国不绝嗣。

二、丞相萧何全权代理朝政。有事奏请，批准可以执行；来不及奏请的，可以先见机行事，等刘邦归来奏知。其中对萧何数次派出关中兵、调动粮草、军需补充汉军尤为重视，专门就此事给予特权：关中所有事务，由萧何全权代理。

这在风云变幻的战乱年代，是极其难得的。刘邦逃亡时连子女都能扔下不管，对萧何却如此信赖，赋予其最高决断权，把整个大后方都交给萧何，可见刘邦对萧何的信任程度已经超过任何人，甚至超过了太子刘盈和妻子吕雉。

此后，楚汉战争进入艰难的相持阶段。

据《汉书》记载，在"萧何亦发关中老弱未傅悉诣荥阳"之际，"民失作业而大饥馑。凡米石五千，人相食，死者过半。高祖乃令民得卖子，就食蜀、汉。"

从中可以看出，萧何面临的局面并不是连年丰收。经过多年混战，物价飞涨，百姓贫苦，不得不卖子求生。在这种状况下，萧何还能按时筹集粮草和兵员，虽然困难重重，但也彰显了他超强的协调能力。在历史记载中，当此灾害频发之际，关中地区并未引发社会动乱，足以说明萧何的治国能力非同一般。

关中突然发生大饥馑，对于刚经历彭城之战的刘邦来说，无异于雪上加霜，而对萧何则是一次严峻的考验。刘邦此时只顾着在前线作战，对根据地的实际情况显然没有萧何了解得透彻，所以，刘邦颁布的"就食蜀、汉"其实是萧何奏请的，刘邦只是代表国家下达诏令而已。

让关中的饥民流动到汉中、巴蜀之地，萧何是心中有数的。前年兴建的部分水利设施开始发挥作用，大大提高了粮食产量，丰盈的粮食可以救活更多的关中百姓。长期的怀柔政策，使汉中、巴蜀百姓已具有悲悯之心和宽容气度，愿意接纳流民。

当然，前方众多将士仍需要口粮，好在退守荥阳时，汉军得到了敖仓。这个当时最重要的粮仓，既帮了刘邦的大忙，也帮了萧何的大忙。

萧何采取的度过大饥馑的一系列措施，将损失降到了最低限度，帮助关中百姓度过了异常困难时期，保证了军营的正常给食。

《尉缭子》曾提出："量土地肥饶而立邑，建城称池，以城称人，以人称粟。三相称，则内可以固守，外可以战胜。战胜于外，备主于内，胜备相用，犹合符节，无异故也。"

纵观整个楚汉战争，汉军正是做到了城、人、粟三要素相称：有韩信、张良决胜于外，攻城略地，建守兼顾；有萧何杰出的管理能力和有力的后勤保障，"胜备相用"，因此汉军才最终成为楚汉战争的胜利者。

第三节　善用闲置的皇家苑囿

汉军在彭城遭遇惨败，兵员奇缺，萧何既要补充兵员，又要筹集粮草，恰逢关中大饥馑，这段日子过得十分艰难。

当时因连年混战，造成的人口减少可谓触目惊心。详细的人口数量和垦田数目缺少史料记载，但我们可以从汉六年（前201年）刘邦即位后的一段记录获得佐证。《史记·陈丞相世家》记载：

（高帝六年）高帝南过曲逆，上其城，望见其屋室甚大，曰："壮哉县。吾行天下，独见洛阳与是耳。"顾问御史曰："曲逆户口几何？"对曰："始秦时三万馀户，间者兵数起，多亡匿，今见五千户。"

意思是：刘邦路过曲逆县，站在城墙上，望见城中高大的房屋，不由得发出感叹："这么壮观的县城，我走遍天下，只见过洛阳有类似的啊！"刘邦当即问御史，曲逆县有多少户？御史回答：秦朝时有三万多户，经过连年战乱，死的死，逃的逃，现在只有五千户了。

秦统一是在公元前221年，这时是公元前201年，仅仅过去20年，户口却减至秦时的1/6，可见户口减损非常严重。人口少了；垦田数自然减少；垦田少了，粮食总产量必然减少。

要想长期供应军粮，必须提高粮食总产量。如何提高粮食产量，就成为萧何亟待解决的问题。

这天傍晚，萧何独自来到咸阳城外，一边漫无目的向前走着，一边想着心事：人口少了，天气因素无法控制，眼下又缺少提高现在耕地粮食产量的手段，那么，提高产量的捷径，就只剩下增加种植面积一个办法了。可是，到哪里去寻找这么多良田呢？开垦荒地倒也是个办法，但现在因为征兵需要，青壮年和老年男人几乎都上了战场，劳动力缺乏是个严重问题。

他正一筹莫展之际，抬头望向远处，只见橘红色的夕阳散发着温暖的光芒，郁郁葱葱的皇家苑林显得生机勃勃。他脑中灵光一闪，兴奋地叫出声来："天赐良田！上苍救我汉民！"他急忙回城，连夜就拟定了奏报，派人紧急送刘邦批阅。

秦时的皇家苑囿占了八百里秦川的广大土地，使得百姓可耕种的土地十分有限。随着秦王朝被推翻，各路诸侯都忙于攻城略地，扩张自己的地盘，哪有闲心涉猎游弋，皇家苑囿自然就长期闲置。

面对眼前好大一块"肥肉"，此时不用，何时再用？

虽说此前刘邦赋予了萧何全权代理国家政务的权力，但萧何清楚，开放皇家苑囿事关重大，而且不是突发事件，必须取得刘邦的首肯才能实施，因此写好奏报紧急送给刘邦。

萧何在奏报中向刘邦陈述利弊："关中大饥馑严重破坏了农业生产，汉王大业尚艰，正是需要大量粮草补给时，唯有尽快恢复农业生产，扩大种植面积，方能在短期内快速提高粮食产量。秦苑囿规模巨大，上乏国家之用，下夺农桑之业，长期闲置实在可惜。大王若同意开放皇家苑囿，让百姓到苑内耕田种地，于大王、于天下百姓皆是幸事。"

根据萧何的建议，如果可以开放皇家苑囿，让百姓耕种，既是良田，又可就近耕种，一举多得。不过，皇家苑囿是公田，代表的是皇家威严，是皇家专利。刘邦此时虽然并未取得天下，但意图已经很明显，定都栎阳就说明了一切——将来的关中，非他莫属！既然关中已是他囊中之物，萧何提出开放皇家苑囿，必须得到他的首肯。

刘邦如果同意，就会导致一种可能性：等到汉军夺取了天下，他这个"皇帝"就是个穷皇帝，没有豪华的苑林。做个如此寒酸的皇帝，刘邦心里是非常不情愿的。初入咸阳时，面对高大巍峨的王宫大殿，那种发自内心的羡慕、嫉妒令他久久沉迷。后来攻入彭城，他再次置酒高会，笙歌燕舞，图的也是享乐。

所以，刘邦一看到萧何出的这个"馊主意"，气得骂出了口："好你个萧何，叫你守家，你却要卖地！"

骂过之后，刘邦又陷入了沉思：萧何为什么要快马传送这个奏报？现在军中一天也不能缺粮，而关中连年遇到灾害，留在关中的又都是老弱病残，若不同意他们耕种园林之地，粮食减产是可以预见的。萧何是算准了自己一定会从大局出发，同意他的请求。

一想到这里，刘邦就有些不乐意。可左右权衡，却发现缺少驳回萧何的理由。因为萧何掐准了自己的"七寸"，他操心的是汉军大局，而不是个人私利！这样一想，刘邦顿时释怀了："知我者，萧何也！"

刘邦提笔回书时，突然意识到：萧何这是要让百姓感念"汉王"，而不是萧何！萧何的忠诚真是无可指摘，日后万不可慢待了他！

刘邦批准了萧何的请求，后有《史记·高祖本纪》记载："诸故秦苑囿园池，皆令人得田之。"这是歌颂刘邦的功德，当然，这个功德也只能属于他！萧何很好地拿捏着这个分寸，乐此不疲地当好汉丞相。

秦皇家苑囿回归实用功能，萧何拿出早已制定好的政策，有序实施。包括：丈量土地，合理分配；根据户籍统计人口，放开的同时做到有序公开；耕种有奖，懒惰受罚。

这些恩威并用的措施，大大激发了百姓的耕种热情，解决了百姓的温饱问题，也增加了税收，利民利国。萧何的战略性眼光及鼓励农耕的各项手段，使关中地区很快走出了大饥馑的困厄，有序恢复了生产。

这项措施就叫作"假民公田"。意思是，官府把公田暂时租借给百姓耕种，收取一定的赋税。这也是官府安置流民的举措，后经实践，屡屡取得良效。当时，由于严重的土地兼并，大批农民失去土地成为流民，社会矛盾加剧。官府将国有土地（公田）中的山川池泽、苑囿租借给流民耕种，并提供种子、口粮、耕具，短期内免除其租税负担，有收获后征收一定的税额。这种办法，既能使流民获得生产、生活的资料，又使国家增加了税收，有助于社会秩序的安定与生产的发展。

萧何还与治粟内史大力合作，如前所述，这个职位不仅管理粮食收支，还负责官府财政的收支、调度。在萧何的统筹安排下，多个部门共同努力，得以足食供应刘邦的前线部队，使刘邦没有了后顾之忧，可以一心一意地与项羽作战。

第四节　设法转运漕粮

粮草问题解决了，但战争期间的运输对萧何来说也是一场艰难的考验。

彭城之战失利之后，刘邦凭着多年积累的丰富的政治和军事经验，意识到楚汉之争将在无数次抗衡中形成一场持久之战。彭城已然失利，绝不能重蹈覆辙，所以他和张良在下邑制定了新的作战规划：

刘邦正面防御，牵制项羽的力量；挑拨英布，从内部瓦解项氏集团；争取中间派力量彭越，乱项羽之后方，断其粮道。

刘邦驻守的荥阳城西面，是保证洛阳乃至关中安全的军事重镇成皋，又称"虎牢"，因周穆王在此牢虎而得名。此地北临黄河，南傍嵩山。城东，汜水由嵩山间向北流入黄河；西边就是王城洛阳（今河南洛阳东）。

项羽欲消灭刘邦，直通关中，所以双方在成皋展开了长期的拉锯战。谁也没想到，仅这场战争就打了两年零三个月（整个楚汉战争还不到四年），可想而知，成皋之战的胜利是双方争夺的焦点。

　　这场战争，是军事力量的抗衡，也是智慧谋略的碰撞，打得异常艰难。完整的"成皋之战"包括京索阻击战、荥阳成皋之战、广武对峙三个阶段，每个阶段都多次涉及"粮"的问题。

　　第一阶段：京索阻击战。刘邦在彭城战败后，项羽一路西追。为了遏止被追、逃遁的被动局面，刘邦在京邑、索亭之间（荥阳西、南）与项羽展开激战。这次战役由汉军主帅韩信坐镇指挥，构筑起成皋防御线。值得一提的是，荥阳西北的敖山上有秦朝修筑的大粮仓，称之为"敖仓"。刘邦组织人力打通甬道，北联黄河，搬运敖仓粮食，后来转运漕粮，萧何把敖仓设为粮食储存和中转的重要基地。

　　第二阶段：荥阳成皋攻防大战。荥阳、成皋自古以来就是兵家必争之地，往西关系到关中安全，往东关系到中原得失。刘邦建立起了以成皋、荥阳为中心，南北为两翼的双向防线，固守敖仓。汉三年（前204年）十二月至四月，项羽发起猛烈进攻，多次切断汉军的运粮甬道，使汉军乏食。刘邦因为数次被困于荥阳、成皋，准备放弃成皋以东，加固巩县、洛阳防线，但谋士郦食其认为不可取，理由是："知天意则可以成王事。敖仓是重要的粮仓，储存有很多粮食。项羽现在夺取了敖仓却不坚守，这是天意。民以食为天！所以，大王应该据守敖仓之粟，凭借成皋之险，卡住太行之道，守好白马津渡口，这样就会让天下诸侯看到前途，天下还能不归大王所有吗？"

　　刘邦听从郦食其的劝谏，又采纳张良的"调虎离山"计策，谋取敖仓，收复了成皋。

第三阶段：广武对峙。这个阶段，楚、汉在广武斗智斗勇，对峙长达一年之久，此时刘邦已转困为安，总体局势呈现出汉强楚弱的发展势头。刘邦帐下人才济济，各诸侯纷纷归顺，人心归服，再加上关中、巴蜀广阔的后方根据地，又有敖仓粟，足食给兵。反观项羽阵营，年轻人厌倦了长期的行军作战，老弱者则因为运送粮饷而疲惫不堪。在经历对峙之后，刘邦发起总攻，取得了决定性的胜利。

成皋之战的三个阶段，多次涉及粮草，数次提到敖仓。说白了，胜负的关键还在于粮草。

秦朝时期，士兵的军粮由朝廷进行统一调配和发放。楚汉时期，汉军的军粮调集和使用由大司农统一掌管，主要有田租、屯田、购买三个来源。

除了军粮，士兵们食用的食盐也由朝廷定额配给。为保证士气，还会供应一定量的菜食或酒肉，通常称之为"菜钱"或者"肉钱"。

在战争中，马主要用于作战，而牛主要用于运输辎重和粮草。牛、马等牲畜需要消耗大量的草料，为保证战马的战斗力，在草料之外还要搭配一定比例的粟米。以西汉名将赵充国镇压羌族叛乱的记录为例："军马一月之食，度支田士一岁。"也就是说，军马一个月的粮草消耗量相当于田士十二个月的粮食消耗。

另外，长时间储备、收集大量的粮草是一项艰巨的任务。且不说粮食的生产周期长，数量有限，单是粮食运输已属不易。吕思勉先生曾言："仓储、漕运在当时均为要政。"萧何作为丞相，牢牢抓住了这两个要政，并且做得很好。

萧何首先尝试了陆路运粮。粮食在运输中的消耗和路程呈正比，路程越远，消耗越大。有人分析，古代军队缺粮，最直接的原因就是缺乏大宗物资的运输条件，陆路运输不发达，粮食类的运输半径不能超过一百公里。超过此范围，粮食就会在途中产生巨大的损耗。

其时，从咸阳至荥阳、成皋近千里，还要越过东大门函谷关。该谷深五十至七十米，谷底宽十米左右，窄处只有二三米，谷岸坡度为四十到八十度。谷底有蜿蜒的道路相通，崎岖狭窄，空谷幽深，人在谷中行走，像被包裹在匣子里。两侧都是绝壁，峰岩林立，地势十分险恶。函谷关东西长十五里，仅容一车通行，素有"一夫当关，万夫莫开"之说，因此陆路无法满足粮草运输的需要。

陆路行不通，萧何便转而在河道上大做文章。

咸阳位于渭河下游，渭河又入黄河，拥有便利的水路交通条件。萧何设计了一条水路交通运输线：将漕粮从咸阳装船，沿着渭河东下，经黄河三门峡险段，送抵广武、敖仓，再从敖仓转运到各处军中。

然而，水路运输也是困难重重。其一，咸阳位于渭河中下游地区，河道宽阔，水流平缓，但水浅沙多，船只受阻是常有之事。其二，黄河漕运是必经的运输通道，三门峡段则是黄河漕运的咽喉。三门峡位于黄河中游，豫、陕、晋三省的交界处，两山夹水，壁立千仞，怪石嶙峋，地势险要。相传大禹治水时，凿龙门，开砥柱，在黄河中游这一段形成了"人门""鬼门""神门"三道峡谷，三门峡因此得名。急速奔腾的黄河水被阻挡夹峙，激起数丈高的拍岸惊涛，发出巨大的轰鸣声，湍流下坠间，黄沫激荡，河水夺门而出。三门峡如巨兽之口，即使是最有经验的老船工也为之胆寒。曾经有诗这样形容："鬼门幽险深百篙，人门逼窄逾两牢，舟人叫渡口流血，性命咫尺轻鸿毛……"

退无陆路可行，进则峡谷阻梗，进退两难之间，只能迎险而进。萧何从来都是"千头万绪，止于一端"。他带领手下，考察过这两段河道后，做出了深挖河道、修置栈道的决定。

深挖河道是在咸阳以东，渭河中下游地区，清理淤泥、深挖河道这是一项艰巨的任务，丁壮均已上了前线，为了解决人力问题，萧何采用分段包工、奖赏之法，激励百姓挖淤清河，加快工程进度。

修置栈道是在三门峡段。首先在紧靠三门峡谷的黄河两岸陡壁上开凿一条狭窄的石路，再在路断处凿上一排深深的四方洞，洞中插上横木，铺上木板，成为拉纤栈道。当漕运之船经此河段，就在船上绑好纤绳，由纤夫们在栈道上面拉纤，由纤绳带动船只渡过三门峡险段。但湍急的水流还是会打破船体平衡，时有漕船沉没。

萧何于是下令把船绑在一起，加大抵抗险流的能力。船连体后增加了稳定性，岸上的纤夫同时发力，喊着雄浑豪壮的黄河号子，吼声震天……在最险要的地段，就这样将船连在一起，终于勉强渡过了三门峡谷。

即使如此艰辛，但萧何转运漕粮时坚持做到"给食不乏"，就是说充足供应，不缺粮食，难怪刘邦日后论功时将萧何排在第一！

第五节　无意引发的"铸币风波"

战争是需要钱粮作为支撑的，战争一天不结束，军费也就需要不断地开支，尽管萧何穷尽所能，但仍捉襟见肘。

古代军事家孙子曾总结战争的成本消耗规律："凡用兵之法，驰车千驷，革车千乘，带甲十万，千里馈粮，则内外之费，宾客之用，胶漆之材，车甲之奉，日费千金，然后十万之师举矣。"也就是说，需要动用战车千辆、辎重车千辆，千里补给粮草，补充器械、保养盔甲，还有外交之用等，每天要耗费千金，才能保障十万大军的正常运转。

日费达千金，如此巨大的耗用，必须采取非常手段。

在刘邦率军东征、楚汉战争最危急的时候，为了筹集军费，萧何不得不采取短时间内的"救急"措施，将田税从十五税一，上调到十税一，直到刘邦去世、刘盈即位、朝政稍微稳定时，才又恢复十五税一。这也表明，农业赋税是财政收入（也包括军费）的主要来源。

另外，这段时间也未见赈济贫乏和灾伤蠲免的记录。并非萧

何不想赈济百姓，而是现实情况不允许。战争需要源源不断地从
关中向前线提供粮草、军服、军用牲畜等物资，以及其他军需费用，
虽然萧何施展"三头六臂"，发展生产、兴修水利，然而补给全
靠巴蜀、关中地区，府库这条"大河"早已枯竭，百姓的"小渠"
哪有水流？富庶变为贫穷，何谈赈济贫乏和灾伤蠲免？

尽管萧何不情愿地提高了税收，汉政权仍不可避免地陷入了
财政危机。《史记·平准书》记载："丈夫从军旅，老弱转粮饷，
作业剧而财匮，自天子不能具钧驷，而将相或乘牛车，齐民无藏
盖。"这是刘邦定鼎天下之初的记录，这时候战争已结束，连天
子都不能凑齐颜色一样的四匹马。由此可以想象在楚汉战争白热
化期间，汉政权的财政困难到了什么地步。

此时刘邦尚未正式建立国家政权，军需仍是财政支出的重中
之重，萧何最大的压力就是补充军需。

关中不断筹集军费，又遇大饥馑，渐渐不能满足前线需求，
可前线军情紧急，刻不容缓。萧何已经连续几日为此忧心，前行
无路，后退无门，一种深深的无力感贯穿全身，"怎么办"这
三个字不断在他脑海中盘桓。这天，他突然有了一个大胆的设
想——多铸钱币！这样做还可以一举三得！

其一，民间私人铸币本就存在，如果加大力度，鼓励他们自
由铸钱，官府收取一定的工业税，可以快速攫取利益。

其二，官府趁机多铸钱币，可以购买大量的军需粮草，解决
军费开支。这样既可以在关中地区购买，也可以到汉王管辖范围
之外购买。

其三，万一百姓发现，官方完全可以拒绝承认，通过打击私人富商来稳定人心。

他快步走到案几前，准备向刘邦奏报申请，但提起笔后他又犹豫了。这个方法属于"自掘坟墓"式的救急措施，虽然能化解一时的财政危机，但是会扰乱社会秩序。

向刘邦奏报，岂不是让他左右为难？如果刘邦不同意，则无钱补给军需，怎样继续和项羽抗争？倘使刘邦同意，就会背上攫取民间财富、扰乱社会经济的骂名。

"这非我本意啊！"萧何烦恼地捶着自己的脑袋。罢罢罢！既如此，他就自己来承担吧！

很快，萧何以丞相的名义向社会发布：秦半两钱仍为有效钱币，允许流通。允许官民自由私铸，钱币形制为圆形方孔半两钱。

没过几年，萧何仍担任丞相，他很快实行了钱币铸造垄断权。他放开铸币权，然后又迅速收回铸币权，说明他没有扰乱社会发展之意，只是为了缓解一时之急。

尽管萧何采用的这个办法十分"隐蔽"，但我们还是能寻到一鳞半爪，比如《汉书·食货志》记载："汉兴，以为秦钱重难用，更令民铸荚钱。"《史记》也有类似的记载。

随着铸钱政策的开放，加上铸钱的利润很大，官吏、商贾纷纷设炉铸币，在制作的过程中不断减少钱币重量，从而谋取更多的利益，因此制造出来的钱币轻重不一，精致程度也参差不齐，币制混乱。

当时的半两钱是根据重量来确定其币值大小，二十四铢一两，十二铢就是半两，这就是秦"半两钱"的由来。八铢钱就是半两钱的三分之二，四铢钱就是半两钱的三分之一。榆荚钱的法定重量为三铢，即秦半两的四分之一，实际上民间私铸的钱币最轻的还不足三铢。

当然，名为自由铸钱，也并不是人人都有这方面的能力。且不论铸钱的工艺，单是铸钱的材料，就不是一般人能拥有的。当时钱币的主要材料是铜。铜矿只有封地封王的诸侯才会拥有，有了铜矿还需要采矿，当时都是手工作业，人需要下到百丈深的地下采得矿石后，把矿石运至地面，然后进行筛选、冶炼，这项工作需要花费大量的人力。

私人铸钱发挥了积极的作用，快速补充了货币量，满足了军需。但是，这样做的弊端也正如萧何所料，引发了通货膨胀。

汉政权推翻秦朝，不仅没有给百姓带来幸福的生活，反而出现了通货膨胀，百姓会不满吗？答案是肯定的。萧何是个谨慎之人，自然明白这种"饮鸩止渴"的办法只能作为特殊时期的权宜之计。当老百姓逐渐产生不满情绪的时候，他就开始着手改革这种制度。

在萧何的主导下，汉王朝颁布了《盗铸钱令》，不仅统一铸钱之令，垄断铸币权，令各诸侯不得自行铸币，而且详细制定了西汉初期的货币构成、货币流通规范等。

之后的汉朝对货币也进行了多次改革。吕后掌权时期，对货币进行了两次改革：一次是因为当时经常出现钱币剪边的现象，于是通过改革，给钱币加了厚边，既增加了钱币的美观性，又保持了钱币的完整性；第二次是在高后二年（前186年），考虑到市面上通行的"秦半两"仍旧多为"榆荚钱"，老百姓嫌这种钱太轻，于是就增加重量，推行"榆荚钱"之前流行的较重的"八铢钱"（钱币上也印有"秦半两"），这种增加重量的"秦半两"在一定程度上起到了平抑、调节物价的作用，同时还特别规定"钱径十分寸八以上"，重量和尺寸增加，让私铸者无利可图，顺利完成了货币改革。

萧何筹集军费使用轻薄钱币约发生在汉四年（前203年），大约十七年后，即高后二年（前186年），这场"铸币风波"终于彻底平息。

第六节　消弭汉王疑心

萧何坐镇长安，天天忙于筹集军需、支援前线，谁也没有想到，他如此忠心耿耿，却还是被人盯上了。

这天傍晚，萧何从王宫里出来，走到南大街拐弯处时，见一老翁推着半车粟米，便主动询问："老伯，今年收成可好？"

"有丞相大人，年年都好。"

听了老伯的回话，萧何内心十分舒坦。他回到丞相府，发现刘邦派来的使者已在府中等候。使者见了萧何，说明来意："大王惦念丞相劳苦，差我带些野味和珠玉慰劳丞相。"

萧何说："请回禀大王，关中诸事，皆可放心。"

"丞相最近都忙些什么？"使者看似不经意地问道。

"还不是一堆杂务，你瞧瞧我这蓬头垢面的模样。"萧何回来时将头发散开了。按照官场规矩本该宽严得体，可他又懒得去整理，心里觉得无非是个使者，就没有换装。

使者又问了些不咸不淡的问题，萧何以为是客套话，有问必答。之后，他留使者用了饭，才算结束一天的忙碌。

过了约有半月，又有刘邦使者来访，仍然是"大王惦念"之类的传话。

使者走后，萧何笑着自言自语："大王真是多此一举，自家兄弟，倒客气起来了！"

这件事历史也有记载："汉三年，汉王与项羽相距京索之间，上数使使劳苦丞相。"①其字面意思不难理解：汉三年（前204年），刘邦和项羽在京、索对峙时，刘邦常委派使者去慰问丞相萧何，感念他的辛苦。

刘邦"感激"萧何在后勤方面做出了突出贡献，多次给予精神上的慰藉，看起来也很正常。可如果仔细剖析这个行为背后的含义，就颇具深意了。

上一年，刘邦刚刚把刘盈立为太子，让萧何辅佐，并将都城栎阳交给萧何，赋予其至高无上的权力——全权代理朝政。太子刘盈正值幼冲之龄，所以萧何掌控着实际权力。刘邦还给了萧何特权：有事来不及奏报的，可先行实施。

---

① 见《史记·萧相国世家》。

这样一来，萧何名义上是丞相，实际上是关中的掌权者，跟皇帝没有什么区别。

从这个层面来推理，刘邦的慰问就含有两层意思：表面上是对萧何支援后勤的褒扬，实际上是对萧何不放心，派使者进行监视。

毕竟对于在前线与楚军对峙的刘邦来说，他太明白关中对汉王朝的重要性了。一旦萧何在后方做手脚，汉军就会面临两面夹击之势，这可是灭顶之灾。即便萧何不谋反，若不积极援以军粮和军费，也会把汉军拖垮。

刘邦虽然信任萧何，但不受监督的权力就像无舵的船，随时可以驶向任何港湾。所以，刘邦也像历代帝王那样，为了激励臣子，对特别信任的给予极大的权力，又时刻提防，生怕臣子有异心。

而疑心来自曾受过的伤害！人之所以对别人不信任、起疑心，是因为"挨过打，受过疼"。让刘邦第一次"挨打受痛"的是雍齿，他的叛变在刘邦心里播下了一颗疑心的种子；项羽违背怀王"先入关者王之"的盟约，加剧了刘邦的疑心；曹无伤的背后使刀，更进一步加深了刘邦的这种恐惧感……

疑心也出于对强者的忌惮。越是能力强的人，越容易引起别人的疑心和猜忌。萧何在沛县就表现出卓越的政治才能，之后一路追随刘邦，出谋划策，至入关咸阳，更是深谋远虑，从收藏律令典籍到制定一系列政策，安抚百姓，为刘邦赢得了民心；补给军需、兴修水利、劝刘邦拜韩信为将等，也展现出萧何杰出的能力和过人的眼光。刘邦对萧何的政务能力是非常清楚的，但任何事物都有其两面性，萧何过强的能力，无形中也给刘邦造成了心理压力。

刘邦监视萧何，也是担心民心所向。从自己是"龙"开始编造传说，到斩杀白蛇成为"赤帝"之子，刘邦最懂舆论宣传的重要性。可如今他在外带兵打仗，关中在萧何的控制之下，百姓很容易在心理上倾向萧何。

当然，刘邦并非真的不信任萧何，也并不是掌握了什么证据，否则就不会只是派使者来试探了。

刘邦的使者走后，萧何和门客鲍生闲谈，感慨地说："大王带兵在外打仗，如此忙碌辛劳，心中还时常惦念我，数次派人慰问我。"

鲍生却不以为然，提醒道："王暴衣露盖，数使使劳苦君者，有疑君心也。"[1] 这句话够直白，意思是说：汉王顶着太阳，露水打湿车盖，奔波征战，却还不断派使者来慰劳丞相，这是在怀疑你啊！

一语醒梦中人！萧何顿时出了一身冷汗，脑子飞快地旋转："自己恪尽职守地处理政务，全力安抚百姓，不辞劳苦地征集粮草物资、补给前线，这些事情都做得太圆满了！"

"夫物盛而衰，乐极则悲；日中而移，月盈而亏。是故聪明睿智，守之以愚。"[2] 盛极而衰、月盈则亏的处世哲学，萧何并非不清楚。此刻，他不住地拍着头，懊恼着自己"聪明反被聪明误"。

---

① 见《史记·萧相国世家》。
② 见《淮南子·道应训》。

由于一时想不出应对之法，萧何忙向鲍生讨教："如何才能消弭大王的疑心呢？"

鲍生说："丞相不如把家族里能打仗的子弟送到前线，去大王军中效劳，这样就可以使大王不再怀疑您。"

萧何一听大喜过望，连连说："鲍生高见！"

想通了刘邦的目的就是"敲打"自己后，萧何反倒释然了。很快，他就动员家族中的数十名兄弟、子孙到刘邦军中。这些人给刘邦带去了萧何的口信："丞相感恩大王惦念，念我王驰骋疆场，恨不能亲身相随，分担劳苦，特遣我们从军，为大王效命！"

刘邦心知萧何已经看破他派遣使者的用意，不便再引起君臣猜忌，于是抬举萧何，公开赞扬道："丞相为国舍家，其忠诚可嘉，实乃萧家之荣、汉室之幸也。"

君臣联手，再次上演了一出默契的"忠诚"好剧。"导演"刘邦自然要大力宣传，推广至全军。从此，刘邦不再派使臣去"慰问"萧何。

而萧何也牢牢记住了这次教训，在之后的几次危机中巧妙应对，成为汉初政坛的常青树。

第十章

论功第一

第一节　助建汉王朝

　　"汉二年，汉王之出关至陕（秦县名，县治在今河南省三门峡市西北），抚关外父老，还……"①

　　刘邦为何刚刚攻打到如今的三门峡附近，就"还"（回来）了呢？又是回哪里？当然是回关中都城栎阳。回来做什么？

　　此时东征没多远，并未取得全面胜利，刘邦决定缓一缓，先

---

① 出自《史记·高祖本纪》。

做一件大事。

汉二年（前205年）二月，刘邦令萧何在栎阳"除秦社稷，更立汉社稷"。

刘邦选择在这个时间昭告天下，成立汉王朝：一是为了鼓舞士气，让跟随他征战多年的将士们看到希望，愿意继续为他卖命；二是为了凝聚人心，让其他诸侯王聚拢在其旗下，合力抗楚。

刘邦卓越的政治远见，显然超越了其他诸侯。六国旧部多是举着恢复本国的旗帜，就连项羽也是打着恢复楚国的旗帜，楚国以外的将士自然对楚国不感兴趣，道不同不相为谋。刘邦建立的新王朝，恰好打破了这种限制，他是推倒秦朝、重建一个新的国家。在这个新的国家里，人人都可以成为国家的主人，这也意味着，每个臣民都是新王朝的参与者、经历者、见证者，每个人都可以从新王朝分得红利，这就能激发人们的进取心，满足人们的虚荣心。

萧何非常了解刘邦的心理，知道他有建立汉王朝的远见，也知道他有一统天下的决心。

社稷的确立，主要在于其象征意义，在形式上昭告天下，起到的作用是宣称汉王朝的确立。

社为土地之神，稷乃谷之神。古时立社稷的主要表现形式为修筑高大的祭祀坛，献上祭品，寻求上苍的福佑，感谢上天的慷慨赐予。

《周官》中，掌管祭天地的大宗伯（类似礼部尚书）将祭祀对象分为天神、地祇、人鬼、物魅四类。天子祭天地，诸侯祭其境内的名山大川。刘邦祭祀的就是天神和地祇，也就是天地之神。

那么，百姓祭祀什么呢？《论语·为政》记载："非其鬼而祭之，谄也。"也就是说，不是自己应该祭祀的鬼神，去祭祀，就是谄媚。《左传·僖公十年》说："神不歆非类，民不祀非族。"意思是：神不享受不是同族类人供奉的祭品，百姓不祭祀非本宗族的祖先。由此可见，祭祀是有严格规范的。处于底层的平民最讲求实际，只敬畏和自己贴近、有关系的神。

所以，君主设立社稷是符合民意的——民以"土地、谷物"为天！社稷就是国家，社稷就是人民！当然，君主更关心自己在神心中的地位。

刘邦找来故秦官吏询问："秦朝时祭祀的共有几帝？"

有人回答："共有四帝，分别是白、青、黄、赤帝。"

刘邦又问："我听说上天有五帝，而你却说只有四帝，这是怎么回事？"

大臣们众说纷纭，没有一个能回答这个问题。刘邦也不再追问，等他们离开后，他转而对萧何说："我知道是怎么回事了，这是等着我来凑满五帝啊！"

萧何立马心领神会，于是建议"立黑帝祠，命曰北畤。有司进祠，上不亲往。悉召故秦祝官，复置太祝、太宰，如其故仪礼。因令县为公社"。即建立黑帝祠，命名为"北畤"；由有关机构主持祭祀，皇帝不亲往祭祀；全部录用旧日秦朝的祝官，又设置太祝、太宰，仪礼也和以前一样；又命各县设置公用社坛。

刘邦不但要在栎阳城建立宗庙，还号召各地都建立宗祠，自行祭祀，他不亲自前往。话说得冠冕堂皇，其实天下很多地盘还不是他的，他就是想去也去不成。

他还专门下诏书说："我很重视祠庙，敬重祭祀活动。如今上天及山川诸神应当祭祀的，各州县及有关机构要按礼祭祀。"

刘邦知道，神本来就是人造的，人们在造神和敬神之间乐此不疲。刘邦起事时本来打着"赤帝之子"的旗号，如今却建立黑帝祠，是因为黑为水，北亦属水，秦人自称水德，尚黑。刘邦的高明之处，在于利用人们敬神的虔诚之心，迎合秦人信仰，讨好关中百姓，证明自己是正宗的政权延续者，以求政权稳定。他还恢复了秦时的祭祀之官，照旧开展祭祀礼仪，希望在袅袅香烟中得到上天的福佑。

建社稷，立宗庙，标志着汉政权的诞生。这些是在楚汉战争期间完成的。这是一项庞大、复杂的工程，刘邦参与确定大政方针后，各项措施的制定及实施，都是萧何在后方执行。

在执行刘邦的决策后，萧何还办了几件朝廷该办的事情，以示汉王朝并非"空架子"。

一是大赦，废除严刑峻法。此举使得天下民心归附，促进了社会的和谐，有利于汉政权的稳定。

二是沿袭秦王朝体制。主要表现在政治制度的建构与建立，包括郡县制的推行、官阶制度、人才的选拔任用等方面，以保障国家治理的正常进行。

三是核查流亡人员，返回户籍者，复故爵田宅。通过核查户籍档案，让因战争、饥荒和秦灭亡而不得不流亡的人员，回到自己的户籍地，恢复其原有的爵位和田地、住宅。

四是解放自卖为奴的流民。在秦末汉初这段特殊时期，有流民被迫卖身为奴。让这些流民恢复身份，返回家园，也是萧何的重要举措之一。

萧何严格执行刘邦的意图，目的在于巩固初生的汉王朝，让百姓们有所依附与归属，也让那些游移不定的小诸侯生出归拢、依靠之心，真正做到了"凡事预则立，不预则废"。

第二节　妥协下的分封制

楚汉战争，最终以项羽在乌江自刎落下了帷幕。刘邦得胜后，建立了中国历史上第二个大一统的王朝。

"恭喜大王多年艰辛，终于取得天下！不，应该改称陛下了。"一向不善奉承的萧何，此时也难掩内心的喜悦。

刘邦满意地说："这都是大家的功劳，尤其是丞相你，厥功至伟。"

"这都是为臣应尽的本分。"萧何一如既往地谦逊和低调。

一切已经尘埃落定，与刘邦一起驰骋疆场、斩敌杀寇的将士们，都坐等领功领赏。唯有萧何，从治理关中、支援前线的庞杂事务中，迅速投入到更忙碌的工作中——协助刘邦创建汉王朝，建立良好的国家秩序。

立下汗马功劳的将士们，期待在胜利后获得精神和物质上的双重奖赏。而统治者为了政治稳定，自会拿起"功利"之刀，切分蛋糕，尽量满足各人所需。这种"一起创业，有福同享"的规则延续了两千年。刘邦和萧何，无疑就是握刀之人。本来刘邦才是执牛耳的人，他选择萧何作为帮手，是因为这样做，一旦出现分封不公，还有回旋的余地。

刘邦问萧何道："接下来丞相如何安排？"

"继续沿袭秦朝的郡县制。"萧何话音刚落，刘邦就表态并提出了一个新的问题："这个没问题，问题是为了争取各诸侯的力量，我已给他们分了半个天下。"

刘邦提出的是很现实的问题。在秦末和楚汉战争中，一些六国旧贵族和拥兵将领纷纷割据土地，成为诸侯王。刘邦为了联合他们共同攻打项羽，分封他们为王。因为他们不是刘氏宗室，所以称为"异姓王"。追随刘邦在前线作战的不乏原有的六国贵族，也有新受封的诸侯。

为了争取更多的力量，取得战争的胜利，刘邦不得已做出了"政治承诺"。这些手握重兵的诸侯王帮刘邦打天下是为了保障或获取更多的利益，如果不能得到满足，他们就会迅速形成一股强大的反抗力量，让刚刚稳定的局面再次被打破。

此时，以前封过的和拟定重新分封的诸侯王主要有：楚王韩信、长沙王吴芮、梁王彭越、淮南王英布、赵王张耳、韩王信（此人也叫韩信，是韩国公子）。

这样一来，刘邦再次开了历史倒车，使新建立的汉王朝呈现郡县制和诸侯国同时存在、交错并行的局面，形成了独特的政治体制"郡国制"。

西汉之前，除了秦朝，各国大都采用分封制。分封制有着深厚的社会根基，体现了最高执政者对权力和利益的向下分割。郡县制体现的是中央集权。从这两方面来看，分封制满足了诸侯的利益，郡县制更符合汉王朝的集权意愿。

《后汉书·百官志》记载："汉初立诸王，因项羽所立诸王之制，地既广大，且至千里。"刘邦把函谷关以东、黄河中下游的广大地方分给了诸侯王，占据了汉王朝近半壁江山。汉王朝对各诸侯国实行区域自治，对地方事务不多加干涉，诸侯国内的一切皆由诸侯王做主，不用像以前那样需要进贡。诸侯国外，郡县百姓是"汉民"，享受汉王朝的福利；诸侯国内，百姓单独享受诸侯王的恩赐，不必远赴千里为汉王朝服役。

这种看似和谐的制度形式，其实潜藏着巨大的危机。

不久，刘邦就发现了分封制的弊端。汉王朝直接控制的领土仅十多个郡，其余领土都分封给了诸侯王，几乎恢复到战国时期的割据局面。这些诸侯王不仅分割了权力和利益，更重要的是，这些诸侯王拥兵自重，一旦反目或者互相联合，将严重威胁汉政权的稳定。刘邦不能不时时警惕。

封完诸侯，开始安排中央集权官职，这些官员直接归刘邦管理，属于汉王朝的政治核心集团。

萧何量才授官，慎之又慎，将每个人的特点罗列出来，呈送刘邦审阅。其中，陈平任护军中尉，樊哙任郎中令，夏侯婴任太仆，灌婴任中书谒者……

刘邦看着这份名单，评论道："夏侯婴一直为我赶马车，和我在一起，任太仆，恰如其分，以后还能一直陪伴我。谒者是宾赞受事，灌婴一直伴着我反秦伐楚，封为内官好……"

最后，刘邦问道："怎么少了你？"

"臣的职位由陛下来安排。"萧何自然不能把自己列入名单。

"还有谁？"刘邦问。

萧何略显为难："剩下的，陛下您安排。"

刘邦明白萧何的意思，说道："也好，朕来安排！"

君臣二人内定了官员名单，准备在分封仪式上颁布。但刘邦心里却有了另外的想法——他担心封赏时有人会不满，须想个周全的办法，按照自己的意愿来"切分蛋糕"。

第三节　刘邦的"绝妙好棋"

论功行赏，说到底是利益分配。在利益面前，每个人都会撕下伪善的面具，暴露出人性的本质。

历经世事、情商又高的刘邦自然通晓论功行赏的奥秘。以往征战沙场，靠的是将士们浴血奋战，众人自然认为按功劳大小封赏。可此时如何布局，既巧妙又高深，既要能服众，还要让群臣相互制衡且符合汉王朝的利益，他必须做棋王，安排好每颗棋子的位置。

他首先考虑的，莫过于百官之首——丞相一职。

按说萧何此前一直任丞相，平稳过渡即可，可现在的局势和以往大不相同。萧何初任丞相，只是刘邦受封汉中、巴蜀之地时的"丞相"，并非整个大汉的丞相。

现在，劲敌楚王已经被灭，战争已经结束，将士都自认为功勋显赫，希望能获得称心的封赏。所以，消灭了多少敌人，攻下了多少城池，参加了多少血战……这些硬指标，就成为衡量功勋的首要标准。

谁任一国之相，就意味着谁的功劳最大。按照论功的硬指标，显然萧何的功劳并非最大。可刘邦却对萧何任丞相最满意。此前，他和张良攻打代地时，谈到丞相一职，张良就推荐了萧何。

刘邦登基后，思来想去，觉得萧何最适合任丞相一职，这是基于多方面的考量：

第一，萧何是沛县故人。萧何在沛县任主吏掾时，对刘邦十分照顾，双方交情深厚。且萧何为人恭谨，没有什么野心，对刘邦也忠心耿耿，堪当百官表率。

第二，萧何是刘邦迎娶吕雉的媒人，和吕雉关系融洽。刘邦自己并不看好性格柔弱的太子刘盈，但大臣们都支持刘盈，将来他去世后刘盈即位，如果让萧何当丞相，就可以更好地辅佐刘盈。

第三，萧何已经快五十岁了，到了这个年龄，身体状况不允许其长期掌权，这就可以避免他利用权位任用亲信，上下联手拉帮结派，形成威胁王权的私人势力。

第四，萧何出身富家，为人恬淡，不贪图享乐和财物，也不会因贪赃而枉法。这一点，在刘邦大军进入咸阳时已经得到了验证。当时所有人都在抢夺财宝，唯独萧何视秦史料典籍为珍宝。

刘邦最看重的，就是萧何卓越的治国才能和高度的责任心。

最后，也是最重要的一点，刘邦想要下一盘"绝妙好棋"。

这天，刘邦派人找来萧何，说有要事相商后，他开门见山地对萧何说："关于论功行赏，朕想听听你的看法。"

"各位将军都战功赫赫，臣愚钝……"萧何知道刘邦心中一定有了定论，说是商量，其实自己只管静心听"下文"即可。

"要办好这事，说难也不难。"刘邦果然发话了。

萧何看看刘邦，摆出一副洗耳恭听的模样。

刘邦继续说："把你封为第一即可。"

"不可不可，陛下这不是将老臣扔进鼎内煮吗？"萧何急忙推却。他虽然不知道刘邦这个决定是否出于真心，但这个时候，坚决推辞就是最好的表态，哪怕一丝一毫的迟疑都可能引起刘邦的不满。

"如果朕就是要把你煮一煮呢？"刘邦盯着萧何，意味深长地说。

"不妥！臣素来留守后方，只是做些琐碎杂事，其他人浴血征战，个个都比臣功劳大。"萧何一边说一边摇头。

刘邦脸上的表情变得严肃起来，说："你不受煎熬，朕就要被煮成熟肉了。"

萧何知道刘邦想借他堵住众人之口，只好应道："若真这样，老臣只能替陛下分忧，位居第一了！"

"对嘛，这才是丞相的担当。朕需要的，就是让你来压一压大家！"

萧何连忙表态："为了陛下，臣就是赴汤蹈火也在所不辞！"

萧何没想到的是，刘邦心里还打着别的算盘。将萧何定为功劳第一，曹参等众多丰沛老臣肯定会不服气。他们一不服气，就会心生怨恨。心里存了芥蒂，自然就会与萧何关系恶化。如此一来，即便萧何有心联合丰沛老臣用武力篡夺刘氏天下，也绝不可能了！

下一个刘邦所担心的人，正是曹参。

曹参与萧何一样，都是沛县集团的重要人物。但是，曹参和萧何又不一样，萧何明知道刘邦把自己内定为功劳第一，是将他架在火上烤，可他却肯服从；曹参脾气耿直，说话较冲，不像萧何那样懂得忍耐，而且，曹参战功赫赫，在军中很有威信，如果不能妥善地安置他，激起其不满，势必会引发风波。所以，比起萧何，妥当安置曹参更重要。

给曹参什么官职呢？如果给他左丞相，就是屈居萧何之下，他自然不会答应，曹参的追随者也不会答应。有没有一个更恰当的位置呢？刘邦陷入了沉思。

萧何当丞相这个"位次"已经占据第一，那么，论功劳时，让曹参位列第一，这样是不是就平衡了？

但这等于公开宣布，萧何的丞相分量不足，而且也背离了自己的初衷。他决定让萧何位次、功劳均排在第一位，就是要压制群臣，让他们明白：皇帝定了的事情，不是你们吵闹一番就能改变的！而且，用萧何压制群臣，本就是要暗中灭一灭武将的气焰。若是将功劳第一给曹参，这不是等于鼓励这帮武将嘛！

将来自己去世，太子软弱，如果武将们闹事，那他辛苦建立的刘氏王朝就真的岌岌可危了！

刘邦想来想去，终于有了好点子，决定将庶出的大儿子刘肥封为齐王，将胶东、胶西、临淄、济北、博阳、城阳六郡七十三县都划给齐国，然后让曹参去当齐国的相国。

这样一来，万一汉王朝有大灾难，齐国完全能组织起强大的力量来维护皇权。而将这个任务交给曹参，他会觉得自己才是皇帝最倚重的人。

刘邦让曹参这员猛将镇守齐国，还考虑到自己去世后，吕后若是掌权，会担心年长的刘肥对刘盈的王位构成潜在威胁，为保护亲生儿子刘盈，吕后是不会手软的。有曹参在，总会让她顾虑几分。

果不其然，在听完刘邦陈述其中的利害关系后，曹参顿觉自己责任重大，欣然接受了齐国丞相的职位。

刘邦历经多次臣下叛乱，早已不轻易信任任何人。他派遣与萧何"有隙"的猛将曹参坐镇齐国，除了防备吕氏家族可能制造动乱之外，也含有威慑在关中颇得人心且手握大权的萧何之意。

第四节　开国第一功臣的争议

尽管封赏已经内定，但究竟论功时群臣会有什么反应，还是个未知数。

　　这天在朝堂之上，刘邦说：“诸位，从沛县起事，到西征咸阳，再攻打彭城，历经百战，终得天下，建立大汉，全赖诸位出谋划策、骁勇善战，大家都是有功之臣。今天我们将论功行封。”

　　众人齐呼“万岁”，表面上的平静掩盖着心中的汹涌波涛。每个人都翘首以待，希望得到的奖赏能满足自己的心理预期。

　　尽管刘邦、萧何、曹参心中早已有底，但按照既定的程序，为显示公平，样子还需做足。刘邦对着众臣宣布：“朕以为，萧何功最盛，排第一合适。”

　　话音刚落，朝堂一片哗然。

　　“臣不服！”最先反对的是樊哙。

　　“将士们哪个不是披坚执锐，冲锋陷阵，出生入死，多则百余战，少则数十战。萧何不曾有汗马之功，只会舞文弄墨、说空话，让这样的人当第一功臣，是什么道理？”又有人表达不忿。

　　还有人拿曹参举例，希望说服刘邦：“大家一致认为，曹参奋勇作战，身上的战伤多达七十余处，攻城略地，功劳最多，应排第一。”

　　萧何默不作声，他知道此时绝对不能开口，否则马上就会成为众矢之的。

　　“大家知道打猎吗？”刘邦见众将吵嚷，决心发挥自己一贯的“痞气”，打压一下这帮人。他与这些人在外征战多年，非常了解他们的脾气。

　　“知道。”

　　刘邦嘴角一歪，冷冷地说：“打猎时，追杀狐兔的是猎狗，而发现狐兔、向猎狗发出指示的是猎人。樊哙你等嚷嚷什么，你们这些人能够得到走兽，就好比猎狗。而萧何是发布命令、告诉你们走兽在何处的人，他才是猎人！"

刘邦不顾情面，将这些武将比作狗，骂得这些人面红耳赤，悻悻然不知该如何作答。

刘邦又大声说："你们这些人都是单独跟着我，最多的也不过二三个子弟。可萧何家族中有十多个人一直随我征战，这样的功劳我们要牢记啊！"

众将领听了都不再言语，但内心依然感到不平。

刘邦趁热打铁，宣布第一批封侯的曹参等十人，曹参封平阳侯，食邑一万零六百三十户。

第一次论功的不快，让刘邦十分烦恼，一时想不出有什么理由能让萧何功列第一。

半个多月过去了，刘邦听到了很多言论，大都仍不支持萧何当第一，这让刘邦愈加恼火。

不久，刘邦再次论功行赏，第二批受封的有萧何等十七人。萧何被封为酂侯，食邑八千户。

让萧何的食邑少于曹参，是因为刘邦考虑到萧何本不在乎财富多少，这样一来，或许能让曹参的追随者闭嘴。但他这样做并没有取得一点效果，还是没有人来主动帮刘邦说话。

曹参派的人认为，一定是萧何给刘邦灌了迷魂汤，刘邦才同意让他当第一。这个萧何，平日里看起来一团和气，现在竟然撕破脸皮和老乡们争功。萧何呢，有苦无处诉，只好忍着，可也觉得是曹参故意让兄弟们寒碜自己，心里渐生几分不满。曹参明明与刘邦有秘密约定，但又没法说出来，只好装聋作哑，心中也不免埋怨萧何不出来解释——倒好像你本来就该得第一！真沉得住气！

列侯受封完毕，接下来排位次，刘邦再次提出萧何位次第一。武将们又是一番吵嚷。

不仅这些武将有这样的认知，司马迁在《史记》中也仅仅把萧何比作辅佐文王、武王的闳夭、散宜生。"淮阴、黥布等皆以诛灭，而何之勋烂焉"，更是意味深长地暗讽：只是因为没有韩信、英布（黥布）等人比较，才显得萧何功勋巨大。

刘邦要的就是这个效果。群臣争功，大家都在看他分封是否公平，他把最大的功劳给萧何，大家就把矛头指向了萧何，这样就把一部分压力成功转嫁给了萧何，这也是对萧何忠诚度的又一次考验。

关键时刻，惯于见风使舵、揣摩帝王心理的关内侯鄂千秋站起来说："众大臣的主张是不对的。曹参虽有攻城略地之功，但这不过是一时的功劳。当年，陛下和楚国相持五个年头，损兵折将，兵败逃走也有好几次，萧何总是主动从关中征发兵员补充前线，救陛下于倾覆危困之中。"

鄂千秋是个谒者，是皇帝身边负责传达命令的近侍，他见刘邦面色渐渐缓和，便提高声音接着说："楚汉在荥阳相持数年，萧何历尽艰险，从关中漕运粮草，及时补给，从来没有让粮草中断过。陛下数次在山东兵败，萧何常保全关中，以关中为根据地不断地支援补给前线，此乃万世之功也。即使没有一百个曹参，对汉朝无所缺损，所以一般待之就可以了。大家怎能以一日之功凌驾于万世之功之上呢！依臣愚见，应萧何第一，曹参次之。"

刘邦终于听到了令自己满意的话，于是不由分说地宣布："萧何位列功臣第一位，赐带剑履上殿，入朝不趋。"

刘邦还意犹未尽地赞扬道："朕听说推荐贤人，应受到上等赏赐。萧何功劳虽大，主要还是因为鄂君推荐，才不致受屈。"于是加封鄂千秋为安平侯。

刘邦又封萧何兄弟子侄十余人，皆赐食邑；并加封萧何两千户，以报答他当年多给自己路费之恩。

论功行封的事情基本算是过去了，众大臣毕竟是在丞相的领导下，倒也不敢公开表达对萧何的意见，但是不提不代表他们心中的怨气已经消散，尤其是一些没有得到封赏的将官，更是时刻在表达着不满。

很快，刘邦便听说因为分封不公引发了许多人的不满，将军们经常聚在一起发牢骚。

于刘邦而言，大家的想法也不能置之不理，合理妥善地解决此事，有利于汉王朝的稳定与和谐发展。关键时刻，置身事外的张良再次献上良策，平息了争端。他对刘邦说："陛下斩蛇起义，全赖将士们出生入死才定鼎天下。现在陛下打败了项羽，建立了汉朝，将军们最关心的就是授爵分封。沛县功臣已横亘在大家心中，知道陛下分封的都是自己最亲近的人，处分的都是和陛下有恩怨之人。将军们一边盼着陛下进行分封，一边又担心自己得不到封赏。平时得罪过陛下的人更是如履薄冰，担心随时会遭到陛下的处罚。要是处理不当，很可能会发生内乱。"

刘邦一脸忧愁地说："那如何是好？"

"陛下最恨谁呢？"

"当然是雍齿了。"提到雍齿，刘邦仍恨恨不已。

"陛下不妨分封雍齿，以示群臣。大家看到陛下能够不计前嫌，分封自己最恨的叛徒雍齿，便知道陛下肯定也不会为难自己。顾虑一旦消除，他们定会全心全意地效忠陛下。"

于是，刘邦依张良之计，封雍齿为什邡侯，食邑两千五百户，并摆下酒宴，亲自款待雍齿。这件事很快传遍了朝堂与坊间，将士们都说："雍齿尚且被封侯，我们没什么可担心的了。"刘邦还让萧何督促下官，加快对将士们封功行赏的进度。

刘邦也没有忘记张良，让他挑选齐国的三万户作为封地、享受食邑，但张良却推辞不就，仅仅要求刘邦把两人相遇的地方封给自己。他深知，如果自己受封三万户，比萧何、曹参还多，必然会成为众人的靶子。在受封之后，张良以疾病为由，逐渐淡出了政治舞台。

萧何则在丞相的岗位上，继续勤勤勉勉地为汉王朝服务。

在之后的日子里，萧何定律令，韩信定军法，张苍定历法及度量衡程式，叔孙通定礼仪……汉朝的各种制度很快建立起来。

民间歌颂萧何说："萧何为法，较若画一。"也就是说，萧何制定的法律和执行规范，明确、一致，就像画一样让人一看就明白。

　　萧何还根据秦朝的档案资料，以刘邦为政治集团中心，制定了汉朝官制。在皇帝之下，设丞相、太尉、御史大夫，分别掌管政务、军事和监察，称为"三公"。三公之下，设有掌管国家军政和宫廷事务的"九卿"。但在设置的过程中，萧何结合汉王朝的现实状况加以改革，更契合汉王朝的政治环境和现实特点。

　　比如，陈平投汉时，在项羽军中的职位是中尉，这是沿用秦朝的官职名称，后来萧何将其改为"护军中尉"，便是改革和创新。

　　明确官阶名称后，萧何极力网罗秦朝官员中的可用人才，征召天下"贤士大夫"，各司其职，全力构建汉王朝的管理系统，建立起从中央到地方的一套完整统治机构。

　　大乱之后必有大治，由此时起，萧何进入了带领群臣全面管理国家的阶段。

第十一章

长安图治

第一节　建两宫，显智慧

刘邦论功行赏、分封诸侯后，定都的问题也提上了日程。

楚汉战争结束后，刘邦在定陶举行了登基仪式，并打算将都城定在洛阳。因为他认为，洛阳曾是周王朝的都城，是"天子"王城。这时，正要赶往边疆戍边的齐人娄敬却提出建议，劝说刘邦建都秦地，据险以都。刘邦听了娄敬的详细分析，觉得有理，最终决定定都秦地。

秦故都咸阳已被项羽付之一炬，作汉朝都城已不可能。对于刚建立政权的汉王朝来说，财力匮乏，建设一个新的都城实在是囊中羞涩。

善于观察的萧何发现咸阳宫以南、阿房宫以北的中间地带，有一个叫"长安聚"的地方，处于渭水之南、龙首山北麓，地势高耸，可以作为都城。更难得的是，这里有一座当年秦始皇修建的豪华离宫——兴乐宫，在火烧咸阳时幸免于难，只要加以改造，就可以使用。

萧何的这个想法得到了刘邦的首肯，于是决定改造兴乐宫，同时再兴建一座宫殿。

首先要给两座宫殿起个响亮的名字，萧何把兴乐宫改为长乐宫，取"长久快乐"之意。关于另一座宫殿的名字，则颇费周折，既要体现汉王朝繁华盛景，又要典雅蕴藉。想来想去，《诗经·小雅》里有一句"夜如何其？夜未央"，未央又寓意：无祸患，永平安，汉祚绵长。就叫未央宫，佳！

此时的萧何身兼多职，一边处理政务，一边改建长乐宫、设计未央宫，虽然繁忙，但是两宫的修建都在稳步有序地推进。

长乐宫有原来的建筑基础，自不必大费周章。当年秦始皇修建的宫殿都有一个共同的特点，规模巨大，形体复杂，雄伟壮观。据《三辅黄图》记载："上起观宇，帝尝射飞鸿于台上，故号鸿台。"鸿台高达四十丈，约合一百三十三米。还有大夏殿，殿前置有铜人十个，更有鱼池、酒池穿插其中。在鸿台基础上修建改造的长乐宫，遵照原来的规划布局，宫城呈长方形，东西长二千九百米，南北宽二千四百米。长乐宫周围筑有宫城，宫城为夯筑土墙，厚达二十多米，四面各设一座宫门，东、西门外有阙。长乐宫内有十四座宫殿，结合设计需要进行修整、雕饰，再增设部分殿宇。长乐宫建好后就成了朝政之地，迅速发挥其政治功能。

考古发现，长乐宫遗址有着罕见的排水渠道，一米多深的地下，两组陶质排水管聚首在长达五十七米的排水渠边，渠深一点五米，接纳了污水后，将其向北排走。遗址中甚至出现了一条长三十多米、宽一米多的地下通道，有专家认为，这条通道是皇宫中的密道。

长乐宫与未央宫、建章宫并称为西汉有名的三大宫殿，其中以未央宫名望最盛。

皇室安，皇帝安；皇帝安，天下安。萧何把未央宫建在城西南角、地势最高的龙首原上，宫殿海拔高度近四百米。如此巍峨壮丽的建筑不仅有安全保障，也体现了宫室的威严，彰显着天威不可侵犯。

形胜是未央宫选址的基本思想。何谓形胜？《史记·索隐》记载："地形防固，故能胜人。"说明皇宫的安全除了建筑高大厚实的城墙，地形的选择也至关重要。

当时，风水是形胜的首要标准。据郦道元《水经注·卷十九·渭水》载，秦朝时有条黑龙从南山出，饮渭水，经过的路线后来变成山脉，长六十多里，头临渭水，尾达樊川。萧何建造未央宫，"斩龙首而营之"，正是体现了"形胜"——建在龙头上。

未央宫在长安城安门大街之西，汉朝以西为上，又称西宫。未央宫较长乐宫稍小，但建筑本身的壮丽宏伟则有过之而无不及，萧何要把未央宫修得"且无令后世有以加也"，也就是让后世子民无法改进超越。其总体布局呈长方形，四面筑有围墙，其周长八千八百米，面积约五平方公里，相当于六个故宫，约占汉长安城总面积的七分之一。

修建时，把龙首山的主峰削减成三个大台面，四周按宫殿形制需要加以修整，夯土围筑，构成宫殿台基，然后在其上修建宫殿，这就是"山即基，阙不假筑"。

未央宫主要包括前殿、东阙、北阙、后妃宫区、文化建筑、服务设施等部分。

前殿，是未央宫最重要的主体建筑，居全宫的正中，坐北朝南，是皇帝朝会的正殿。西汉时期，凡皇帝登基、丧事等大典朝会都在前殿举行。其高大恢宏，巍峨壮观，据《三辅黄图》卷二记载，未央宫"前殿东西五十丈，深十五丈，高三十丈"。

前殿左侧有东厢，右侧有西厢，前殿之后有后阁，北有宣室殿、清凉殿、温室殿。后妃宫区主要有椒房殿、掖庭殿、后宫八区。椒房殿是皇后居住的宫殿，掖庭殿为妃嫔居住的殿室，均位于前殿之北，由多所殿台池阁组成。

萧何素以有文化涵养而著称，未央宫内文化机构性质的建筑物也比较多，主要有石渠、天禄、承明、金马、曲台、兰台等，兼有藏书、校书、教学的功能。除了为国家服务的宫殿，还建有为整个未央宫提供日常生活需要的沧池、渐台、织室、作室、凌室（藏冰之所）、弄田、彘圈等设施，虽不起眼，却提高了未央宫的综合功能，满足衣食住行所需。

阙是建在宫门外两边的楼台，最初是显示威严、供守望用的建筑，后逐渐演变成显示门第、区别尊卑、崇尚礼仪的装饰性建筑。东阙是天子发布号令、行赏处罚的地方；北阙为等待区。当时上书奏事及谒见皇帝，都要到北阙之下等候召见；主管上书奏事的公车和负责警卫宫门的司马也设在北面，因此北阙门成为未央宫最主要的宫门。

刘邦平叛回来后，看到萧何所建的未央宫甚是壮丽，厉声质问："天下纷乱，时局未定，苦战这么多年，是成功还是失败尚且未知，现在为什么要建造这样豪华的宫殿台室？"

萧何说："天子将五湖四海当作家，不壮观华丽，不足以体现天子的威严！"

刘邦向来喜欢奢华、贪图享乐，年轻时押送人员服徭役，就被秦都的富丽堂皇所吸引，入咸阳宫、彭城更是数度暴露其本性，现在却如此崇尚俭朴，这是为何？反观萧何，一向精打细算、合理支用，修建未央宫却一反常态，如此大手笔，这又是为何？

先说刘邦，此时他已经是大汉天子，首先要考虑王朝的发展和百姓之虑。作为皇帝，汉政权刚成立，宫殿如此壮美奢华，刘邦心有隐忧，担心走秦二世的老路。再说，国家刚经历楚汉战争，财力匮乏，如何堵住百姓悠悠之口？一旦因民愤激起反叛，使大汉王朝"后院起火"，则得不偿失。

萧何插手设计未央宫的格局，与其家庭出身有关。他本是富家子弟，虽然平日里精打细算，为汉朝掌控着财政钥匙，但从小养成的格局和气度一直都在。他清楚地知道，皇家宫廷若建得"小气"，之后接续的帝王一定会再次重修，甚至推翻重建，那样更加费钱。另外，这是天子宫殿，必须建得富丽堂皇、巍峨高耸，才配得上"天子"的尊严。如果让诸侯国的王宫比下去，天子尊严尽失，对其地位不利。

事实上，刘邦对于萧何营建的宫殿还是比较满意的，此番说辞不过是与萧何一起唱个"节财爱民"的双簧戏而已。

到汉武帝时期，未央宫已成为当时世界上规模最为宏大、巍峨壮丽的豪华宫殿群。

第二节　修建武库，设太仓

豪华的建筑是面子工程，更具实用功能的各类府库是"里子"工程。完成两宫的营建、修造后，萧何又开始修建武库和太仓。

武库是国家收藏兵器的地方，分为国家武库和地方武库。萧何是一国之丞相，负责修建的自然是国家武库，各郡县的武库由地方修建完善。

萧何修建的武库位于长安城内中南部，长乐宫和未央宫两宫的交界处。武库东西长八百米，南北宽三百二十米，中间有一堵南北向的隔墙将武库分为东、西两个部分。东面一排有四个库房，西面一排有三个库房，各库房中有兵器放置架。

武库中收藏的兵器有弓弩箭矢类的远程武器，格斗长兵器的矛、戟、戈、铍等，格斗短兵武器刀、剑、斧，还有士兵防护装备盾牌、头盔、护甲等。

萧何长期负责后勤供应，知道兵器储备的重要性。尤其是刘邦攻打彭城失败、固守荣阳的那段时间，汉军几乎全军覆灭，等于损失了大量武器。萧何一面收集粮草、补充兵员，一面还要组织工匠锻造兵器。

汉政权建立后，出于巩固中央集权、削弱诸侯力量的需要，汉朝推行"强干弱枝"的政策，也称"强本弱末"。为配合强本弱末的方略大策，萧何结合当时的社会环境，调整了不适用的政策，也采取了相应的办法。

一是铁器官营制度。

从考古出土的西汉各类武器中可以发现，铁器最多，铜器次之，铁器大有取代铜器之势，说明汉朝铁制武器有了进一步的发展。

相较于青铜兵器，铁制武器的优势在于硬度高，能提高杀敌效率，也能更好地保障士兵的自身安全。西汉已经摆脱了传统的冶铁工艺，采用高温窑炉来熔化铁矿石，从而获取更多的铁，制作铁制武器。铁器官营制度，保障了铁制武器原材料的供应和制造的工艺水平。

二是把武器生产工匠纳入官营体系。

武器关乎国家安全，汉朝采取各种措施和手段加以控制，除了铁器官营外，还把武器生产工匠也纳入官营体系，保证武器制作资料掌握在官方手中。

长安的武器制作归"少府"管辖，以便皇帝完整掌控京畿地区武器的锻造、保存、管理过程。

少府下属有个官职"若卢"，主要负责储藏和制造兵器，还管理专门的监狱。由此可知，武库不仅管理兵械，还兼有保卫中央的职权。这种建立在王宫内的武库，专门设立武库署，可随时调拨用于保卫王宫和都城安全的充足的兵器，组建强大的保卫部队。

负责兵器制作的部门是"考工"，设有令一人。兵器制作完成后，由"执金吾"入武库。

武库不仅仅收藏武器，同时也兼具武器合理发放、销毁、调拨戍边等工作，责任重大。

如果说武库是都城的安全保障，那么粮仓则是生活保障。

萧何多年为前线供应粮草，对"粮食安全"的重要性有着深刻的认识。当初规划两宫时，他就一并规划了武库和太仓。《三辅黄图》记载："太仓，萧何造，在长安城外东南。"太仓，就是都城储谷的巨大粮仓建筑群。

这样宏大的建筑群，萧何为什么要把它建在城外呢？首先，营造这么大的仓库建筑群，需要占用宽阔的地方。都城粮仓不仅要保证都城的吃用，还要贮存一定数量的军队紧急用粮，所以萧何对储粮之事高度关注。而且，粮仓建好后，还要有足够的军队来守护。

将太仓建在城外，还有另外的考虑。在冷兵器时代，控制军队不外乎三个手段：武器、粮食和将领亲属。一旦城内军队谋反，有武库提供大量兵器，如果城内还有足够的粮食，那么谋反者只要关上城门，就有足够的时间去"改朝换代"。所以，将粮仓设在城外，就可以在城外军队谋反的前期，提前运输粮食到城内，因为距离很近；如果是城内有人谋反，通过控制太仓的粮食，即可迫使城内的反军因缺粮而投降。

为了保证全国的粮食安全，萧何还修建了位于地方、归朝廷直接管理的粮仓，如位于甘泉的甘泉仓、华县的华仓、左缴附近的细柳仓和嘉仓等。各郡、县有常设之仓，诸侯国、军队也有粮仓。西汉时期，形成了以政权集中地为中心的粮仓体系，确保了中央政权随时可以调拨足够的军队用粮、生活用粮、百姓赈灾用粮等。

皇粮国赋是粮仓粮食的主要来源，每年百姓上缴的粮食都要按时、按量收入粮仓。为了增加粮食储存量，在丰年时，国家财政拨付经费，从百姓手中或者从市场高价购得粮食加以存储。这些粮仓的粮食主要用以供应皇室、军队和开支官员俸禄等。遇到歉收或者灾年，则开仓放粮，赈济百姓。总的来说，粮仓起到了平稳市价、稳定市场的宏观调控作用，也是赈灾备荒、安民固本的重要措施，因此囤粮富国是治国理政的重中之重。

第三节 藏典籍，兴文化

甘露三年（前51年），汉宣帝召集萧望之、刘向、韦玄成、薛广德、施雠、梁丘临、林尊、周堪、张山拊等二十三个大儒，在长安未央宫北的皇家图书馆"石渠阁"讲论"五经"异同。这次重要的学术会议，由汉宣帝亲自裁定评判。

尽管会议由皇帝主持，但大家讨论仍然热烈，并不因为皇帝在场而畏畏缩缩，史称"石渠阁会议"。

会议举办得非常成功，讲论的奏疏经过汇集，辑成《石渠议奏》一书，又名《石渠论》，共一百五十五篇。有关石渠阁会议内容的记录虽然大部分已经散佚，但流传后世的"只言片语"已经十分了得，清朝博贯群经、造诣尤深的皮锡瑞在《经学历史》中指出："《石渠议奏》今亡，仅略见于杜佑《通典》。《白虎通义》犹存四卷，集今学之大成。"

会议结束后增设博士至十四人，比汉武帝置五经博士更进一步，并对经学产生了一系列影响。

这次高规格的学术会议，是西汉中期文化大繁荣的一个缩影。而其促成者，正是汉初的萧何。

萧何在修建未央宫时，时刻不忘振兴文化，在未央宫北部修建了石渠阁和天禄阁。

石渠阁是收藏国家档案的地方，主要收藏物就是一直被萧何视为珍宝、从咸阳收集的秦朝档案资料。这些档案资料，在秦始皇"焚书"后侥幸留下，又差点被项羽一把火烧掉，所以萧何十分忌讳火种，在设计建造时就建立了高高的台阶，又在高台之下修筑了渠道，流水长年不断，以备防火急需。这个石渠阁，既是档案馆，又是儒家博士校订经书、辩论经义的场所，同时具备档案馆和学术会议厅的多重功能。

萧何所收藏的律令：一部分为秦记、百家语、医药、占卜、农业等方面的书籍；另一部分为秦始皇时代的档案文书，包括律令、礼仪、章程等规章制度和其他方面的资料。图书数量浩繁，内容也相当丰富。这些档案为萧何制定律令，去粗取精、去伪存真，提供了借鉴。

天禄阁略小于石渠阁，与之东西相对，是收藏重要典籍的地方。天禄是传说中的瑞兽，天禄阁因此而得名，寓意此阁藏书是国家之福禄，人才是国家的福禄之人。阁内的典籍种类繁多，涵盖了经传、诸子、诗赋、兵书、数术、方技等多个类别，除此之外，还收集汉朝本身编纂、整理的图书和资料。

收藏典籍的天禄阁，还作为特殊人才的办公处。后来著名的辞赋家、思想家扬雄，就是在此阁校订书稿时期结交了王莽。由于藏书种类繁多，版本复杂不一，刘向父子及其他学者奉命对这些图书一一校勘。每一本校对完毕，都写有详细的注释，说明书的来源；在校对的过程中参考了哪些书籍、哪个版本有哪些错误等，均仔细考证。我国第一部图书分类目录《七略》就是在天禄阁中由刘歆编纂而成。

此外，还有兰台阁、麒麟阁等，其职能各有侧重。比如兰台阁设置于未央宫，是中央直属机构，隶属于御史府，收藏皇帝的诏书和大臣的奏章、朝廷律令、地图、郡县计簿等。东汉时，班固成为兰台令史，奉诏修史。因班固曾任兰台令史，后世多称史官为"兰台"；又因兰台也是修史机构，后世把史官机构亦称"兰台"。

天禄阁和石渠阁还有一个重要的政治功能，就是为统治者提供执政参考。无论是国家大典、法律、约章，还是外交性文件，都可以从中找出可借鉴的样本。隋代学者牛弘就认为，"经邦立政，在于典谟""为国之本，莫此攸先"。他很明确地提到图书馆典籍的作用在于为"经邦立政"者提供参考。

萧何每每走进石渠阁，见一排排木架整齐地排列着，故秦的档案图册静静地躺在木架上，便会无限感慨："这些吉光片羽，从咸阳带到南郑，又从南郑一路颠簸，转回咸阳、栎阳，几经辗转，历经风雨，能够保存如此完好，吾心甚慰！"

随着汉朝不断发展，石渠阁不再只是收藏典籍的地方，到武帝和宣帝时，常有像东方朔、司马相如、王褒、刘向这样学识渊博、德高望重之人在此研讨六艺，促进了汉朝文化事业的蓬勃发展。

萧何也很注重发挥这些藏书阁应有的作用，将那些散落民间的档案也及时搜集过来，以备不时之需。《汉书·艺文志》记载："汉兴，改秦之败，大收篇籍，广开献书之路。"

不过，刘邦对这些律令典籍不感兴趣，甚至讨厌儒生，这在历史上均有记载，因此，这些文化类的事情都是萧何在做，国家朝廷的章程也都出自萧何之手。萧何这些颇有远见的举措，不仅影响了西汉后来的统治者，而且对缔造强大的西汉帝国影响深远。

天禄阁、石渠阁犹如零件繁多、复杂而又庞大的机器，需要专人管理，才能使之正常、高效地运转。萧何在借鉴前朝经验的基础上，制定了一套科学系统的管理方法：一是配备了专门的管理人员，由太史令总领。二是重视档案的保密和禁伪。诏书颁布之前是保密的，臣僚奏章也不允许擅自抄写或者公布，官员泄密是要受到责罚的。萧何在制定法律时对此做了严格的要求。这一做法，后朝沿用。

随着时间的推移，档案会越积越多，因此就有了定期分批销毁过期档案的制度，这些仅指具有时效性的档案，过了时效期会销毁；有的档案则需要永久性保存。

自汉以来，图书馆和档案馆的规模与藏书量的多寡，成为检验一个城市的文化底蕴深浅、魅力大小的指标之一。

萧何重视典籍收藏的行为，成为历代王朝沿用的通用手段。前朝的治国之道、安邦之策，全国的政治、经济之变化，在档案和书籍中均要有所记载。当朝学者既要翻阅前朝记录，又要积极收录、整理、记载随时发生的事情，为后来者提供更多的史料。

历史是一面镜子，古今中外，没有一个朝代不是借鉴历史的经验来治国理政延续其统治的，没有一个朝代不是研究历史的教训而不断地改革发展的。萧何在两千多年前就能认识到档案的重要作用，可谓高瞻远瞩。

第十二章 韩信悲歌

第一节　刘邦的心头之患

刘邦的皇帝宝座尚未坐暖，论功行赏的誓约仍在耳畔萦绕，大汉帝国便遇到了新的危机，共享富贵险成空谈。

历史上最悲催、最尴尬的皇帝，刘邦当属其中之一。他打天下用了七年左右时间，好不容易当上皇帝，扫除异姓王又用了八年时间，消耗了他大部分的时间和精力。这一切，与他妥协于现实、分封诸侯王有关。

楚汉相争时，刘邦的实力并不雄厚，但他最善于打感情牌，想方设法团结一切可以团结的力量。可创业初期缺乏物质赏赐，刘邦只好不断地许诺，向那些实力强大的诸侯王许诺：共同打败项羽，平分天下。

这种轻飘飘的承诺，若刘邦未得天下，毫无用处。可偏偏刘邦得了天下，各诸侯王就逼迫着他必须兑现当初的口头承诺。

刘邦不同于历史上其他皇帝，他和自己封赐的众多诸侯王一样，都曾经是王。其中只有两人情况特殊：彭越是个地道的草根；韩信是依靠刘邦才得以施展抱负，与刘邦有君臣名分。

其他诸侯王，如张耳、英布、彭越、吴芮等，昔日与刘邦平起平坐，本就是一方枭雄，之所以愿意与刘邦一起打天下，自然是为了分蛋糕，分天下。

刘邦在消灭项羽后，建立了大汉王朝，自己当皇帝。但这个皇帝其实也是个"王"，只是换了一种说法。这些实力雄厚的诸侯王都心照不宣，各自建立一个诸侯国，相当于划分了各自的势力范围；况且这个时候打刘邦，任何一个诸侯王都没有这个实力，索性就送个顺水人情，让刘邦当名誉上的皇帝。

这就是刘邦为什么建立汉朝后，不得不分封诸侯王的根本原因。分封王虽然危险，但不分封王，他就坐不上皇帝的宝座。可这些诸侯势力，分掉了汉王朝的半壁江山，洛阳以东的大部分土地都在诸侯王手中，汉王朝仅有的十几个郡中，再除去同姓诸侯王的封国，直属于大汉朝廷的统辖范围就更小了。诸侯王手中的土地和朝廷管辖土地的比例严重失衡，日渐发展为汉王朝和诸侯王之间的矛盾。更让刘邦坐卧不安的是，诸侯王拥兵自重，专制一方。他们在自己的封国内，拥有行政权、官吏任免权等，还拥有军队，王位可以世袭。这些在打天下时的股肱之臣，成了刘邦坐拥天下时的心腹之患。

纵观春秋以来，诸侯王是一种与中央集权相对的分裂势力，是建立中央集权制的最大障碍。天下大定后，异姓诸侯王已经成为汉王朝最大的威胁。刘邦也是以诸侯王身份夺得江山的，所以他对这一点有着清醒而深刻的认识。

天下未定时，所有诸侯王都是平起平坐的"股东"。当刘邦在"董事长"的位置上坐稳以后，就开始密切关注哪个"股东"对自己的威胁最大。他也明白，如果突然提出改制集团，势必会引起轩然大波，造成政局动荡。所以只能侧面迂回，采取逐个击破的办法，瓦解和稀释股东的股权。

任何事情都有两面性，既是危机，也是机遇。刘邦登基不久，就有人坐不住了。最先举起反叛旗帜的是燕王藏荼，他迅速攻取了代地。此时如果不及时动手制止，杀鸡儆猴，紧接着诸侯王就会群起效仿。为稳定大局，刘邦亲自调兵遣将，在栎阳征集兵马前去平叛，藏荼被虏伏法。不久，颍川侯利几又造反，刘邦又转至洛阳，处理平乱大事。

藏荼、利几原先都是项羽的部下，后归降刘邦，有着相同际遇的两个人都选择了造反，这仅仅是西汉初年血雨腥风的平叛斗争的序曲。

异姓王终究是刘邦心头之患，但凡事总需要个理由，诸侯王不妄动，刘邦也不好翻脸。

闲下来的刘邦，开始把目光投向那些潜在的危险分子。他想来想去，唯独韩信功劳最大，又锋芒毕露，最不好管理。

成皋之战时，韩信领兵平定了魏、赵、燕、齐，稳固了北线战场，替刘邦打下了半壁江山，本属大功一件，可韩信却在关键时刻，在刘邦心里插入了一根刺。

当时刘邦正被项羽围困在荥阳，处于生死关头，韩信却趁机讹诈，以战功作为邀功请赏的砝码，派人向刘邦提出封自己为齐王。非但如此，当武涉、蒯通策反韩信助楚时，韩信竟保持中立，坐观刘邦和项羽在广武的对峙，等待战局明朗，再靠向胜利的一方。

这虽然是诸侯们惯用的做法，可是韩信与诸侯有别，是刘邦设坛所拜的大将军，与刘邦有君臣名分。韩信在紧要关头却见死不救，刘邦大怒，破口大骂，欲攻之。陈平和张良认为不如暂时满足韩信的要求，否则他会加入敌对军营。刘邦依计而行，让张良去为韩信举行封王仪式。

主公危在旦夕，部下却居功邀赏，还要封王，韩信可说是犯了大忌。虽然他暂时得到了自己想要的名利，但也种下了祸根。可惜韩信太过自负，意识不到其中潜藏的风险。

之后，刘邦马上抽调韩信的精兵去攻打楚军，把剩下的老弱病残交给韩信，原本和谐的君臣关系出现了裂缝。

无论是修武夺兵，还是垓下之战，韩信两次被夺兵，都能很快招兵训练，形成强大的军事力量，这让刘邦更为忌惮。所以，继夺兵之后，刘邦又上演了一出调整封地的大戏，他以韩信是楚人、熟悉楚地、了解楚人风俗为由，将韩信调往楚地为王，定都下邳。这样做，既打通了秦齐两地通道，又将汉帝国南北一分为二，使得诸侯王不再有南北连贯的战力。

楚地较于齐地，虽不富裕，却辖五郡之地，疆域广阔，假以时日，依韩信的能力，难保不成为大国，刘邦仍然放心不下。刘邦处心积虑要除掉韩信时，恰好抓住了韩信的把柄。

当时，刘邦追杀项羽旧部，韩信带着衣锦回乡的荣耀返还楚地后，无路可逃的钟离眛也潜回故地投奔旧交韩信，韩信碍于情面收留了他。

钟离眛是项羽部下忠心耿耿的名将，多次使刘邦遭受沉重打击，刘邦对其恨得咬牙切齿。这样的人却被韩信收留于家中，在刘邦看来，韩信这是在向自己示威，发泄被封楚地的不满。

韩信一次次挑战刘邦的底线，游走在刀刃上，刘邦必须有所反应。

汉六年（前201年）十二月，有人上书告韩信谋反，虽然缺少证据，但刘邦需要的就是这么一个借口。刘邦咨询陈平，陈平反问刘邦："告韩信谋反这件事情，还有人知道吗？"

"没有。"刘邦回答。

"韩信知晓此事吗？"

"不知。"

"陛下的军队强于楚国吗？"

"不如。"

"陛下的将官，领兵有能胜过韩信的吗？"

"没有。"

一连四个否定的回答,让刘邦心中甚是着急:"那如何是好?"

陈平说:"古时候帝王会集诸侯打猎,陛下不如也假装去云梦这个地方打猎,然后在陈地会见诸侯。陈地是楚地西界,韩信要是没有谋反之心,必然会来见您,您就趁机抓住他。"

这就是历史上有名的"伪游云梦"之计。韩信最初有些犹豫,最后还是带着钟离眜的人头前来郊迎,刘邦立即将他擒住,带至洛阳,降为淮阴侯,并软禁在长安。

对刘邦来说,只要是危及自己帝位稳固和汉室安全的,他都将不惜一切手段,扫除障碍。

楚汉战争期间,刘邦兵败彭城时,萧何镇抚关中,辅佐太子,刘邦便特别交代萧何说:"诸侯子在关中者皆集栎阳为卫。"名义上是让诸侯子孙保卫太子、保卫栎阳,实质上是将诸侯子孙作为人质,控制前方诸侯,使其和刘邦通力合作。

即使萧何处处谨慎,也曾引起刘邦怀疑,不得不主动送子弟到军前效力,以示忠心。刘邦虽然对诸侯王起了杀心,可他又极其聪明,不想在天下初定、政权不稳之际,落下个"杀戮功臣"的骂名,引起众臣的不满和恐慌。但他一天天变老,身体每况愈下,心地仁慈的太子刘盈在自己死后哪有能力驾驭这些虎狼之徒?异姓王不除,刘邦寝食难安。

刘邦的难处,没有逃过吕雉的眼睛,她主动承担起扮演"黑脸"的角色,为刘邦扫除横亘在他心中的异姓王之患。

吕雉和刘邦的结合,原本就是政治联姻,刘邦起事之前,吕雉就竭力配合做刘氏冠,为刘邦发展人脉。起事之初,她多次游走于芒砀山，为刘邦团队提供物资和信息。她和刘邦都明白一个道理：汉朝是他们夫妻的，只有通力合作，维护他们的共同利益，才能一荣俱荣。于是，在这场血雨腥风的政治斗争，吕雉凭着特殊的地位，利用铁腕手段，堂而皇之地登上了汉王朝的政治舞台。

事实上，无论是后来诛杀韩信，还是谋害彭越，吕雉的一切行动，都是得到了刘邦的默许的，甚至刘邦对吕雉的行为十分赞赏。

第二节　成也萧何，败也萧何

和刘邦有过数次交锋后，韩信迟钝的政治神经渐渐有了知觉，明白了刘邦忌惮自己的能力，于是"常称病不朝从"。对于这一点，可以从他和刘邦的一次对话看出来。

那天，刘邦和韩信讨论众将领的才能。刘邦问："像我这样的，能带多少兵？"

"陛下最多统率十万之师。"

刘邦继续问："那换作是你呢？"

"臣多多益善。"

刘邦笑道："既然多多益善，为什么会被我所擒？"

韩信这才意识到自己现在面对的是大汉帝国的皇帝，忙掩饰道："陛下不善于统领士卒，而善于统领将领，这就是微臣之所以被陛下所擒的原因。何况陛下的能力是天所赐予的，非人力所能做到的。"

一向高傲自大的韩信，能意识到逞强的危险，及时转变态度，竭力奉承刘邦，虽然言不由衷，却是有所醒悟。

但是，韩信素来高调惯了，不能保持谦卑的心态。自从被贬为淮阴侯以后，韩信"日夜怨望，居常鞅鞅"，有一天造访樊哙，樊哙跪拜迎送，自称"臣"，尊称韩信"大王"，可韩信出门后却发出"生乃与哙等为伍"的感慨，自觉羞愧而恶心。

韩信的话语和日常表现，兼具愤懑和无奈。而情绪具有流动性，总要找到一个出口释放出去。陈豨的来到，让两颗不安分的心走到了一起。

陈豨过去是韩信部下，当陈豨被拜为代国丞相，到韩信府上辞别时，韩信屏退左右，对陈豨说："你所统率的部队是汉朝精兵，而你是陛下宠幸的臣子。如果有人说你反叛，陛下一定不会相信；第二次有人去告你反叛，陛下就会产生怀疑；第三次有人告你反叛，陛下一定会愤怒地亲自率兵去讨伐你。"

韩信自己现身说法，加上燕王臧荼以谋反被杀，再想到刘邦疑心重、猜忌心强，韩信这番话在陈豨的心里开始发酵。

韩信冒天下之大不韪继续说："你在边境有举动，我从关中起兵响应你，天下可得也。"陈豨深知韩信的军事才能，也相信他的计谋，于是说："谨听楚王指教！"

陈豨、韩信此番交谈甚有深意。当时，陈豨深得刘邦的信任，代理代国国政，统领赵国、代国驻屯边兵。这支部队是汉朝用来防御匈奴的精锐之师。我们无法得知陈豨是因为有了兵权而欲取天下，还是贼心早有，但是以当时的形势，韩信被贬为淮阴侯，别人都避之不及之时，陈豨却登门造访，不得不怀疑他别有用心。韩信知道陈豨拥兵权重，却仍说出大逆不道之言，很难说二人谁蛊惑了谁。

不久，陈豨果然起兵反叛。刘邦亲自带兵前去讨伐，韩信称病没有随从出征。或许韩信还在犹豫，或许他在等待更合适的机会。造反不同于领军打仗，打仗靠的是兵法，反叛靠的是诡计。

韩信偷偷派人到陈豨的住所，言称："你尽管起兵造反，我从关中这里协助你。"他一面和家臣共同谋划，准备趁黑夜假传诏书，赦免各衙署所有的苦役和官奴，然后去袭击吕后和太子。

关于韩信是否反叛，历来争议不断。司马迁扼腕叹息，司马光则认为韩信不地道；有人说"子虚乌有"，有人认为"不忍为而必须为"……历代为韩信辩诬者也不计其数，但无论如何，韩信"谋与家臣""欲发以袭吕后、太子"，却是不争的事实。

这个事实被一个小人物及时揭发。历来，小人物谋不成大事，却最能坏大事。韩信所有的谋划尚未实施，便因舍人的弟弟告密而流产。所以说，韩信率十万人马布局厮杀，绰绰有余；而不懂世故人心，却是其最大软肋。

刘邦早就想除掉韩信，但大范围杀戮异姓王，会引起朝臣不满和朝局动荡，这是他不想看到的，所以他虽然屡次针对韩信采取相应的措施，却始终是投鼠忌器。他需要一个名正言顺地杀掉韩信的借口。

此时，刘邦正亲征代地，平定陈豨叛乱。吕后深知事情的严重性，心急如焚。倘若苦等刘邦回来处理，同时也就给了韩信足够的回旋余地，必将引起大的动荡。如果事情安排出现纰漏，被韩信得知，也将给汉王朝带来暴风骤雨。

面对这样一位强大的对手，力取容易出现意外，智取方为上策。

吕后想来想去，认为只有老朋友萧何最可靠！

萧何曾是韩信的知音和举荐人，吕后不担心萧何走漏风声吗？实际上，吕后拿捏的，正是举荐人这个身份。韩信谋反，萧何无论如何脱不了干系，谁让他是举荐人呢，除非萧何也想谋反，不然一定会为了摆脱嫌疑而帮助捉拿韩信。

对萧何来说，汉朝相国这个位置，其实就是半个皇帝，他才不会傻到弃相国印而去做诛九族的凶险事。商量智取，萧何偏偏又最擅长。

于是，吕后和萧何密谋，派人去韩信府中，告知韩信：陛下平叛成功，陈豨已死，文武大臣皆到朝中祝贺。

这个计谋，首先掐断了韩信对陈豨的心理依赖，让韩信陷入孤立无援的境地。韩信"托词不入朝"，也在他们的预料之中。还有，陈豨失败，必将打乱韩信的计划，他应激状态下的反应，就是先躲起来，拒绝上朝入贺，以腾出时间来厘清事情的来龙去脉，谋划应对策略。

当下，需要找一个能把韩信带入长乐宫的人。

吕后把目光投向了萧何。萧何低下了头，他最怕选的人是自己，可他也知道，吕后选定他，既是一种无声的考验，更是炼狱般的试探。

在吕后心里，成也萧何，败也萧何，最妙不过。

对萧何来说，韩信毕竟是自己一手举荐的，韩信是把自己当作过命之交看待的。如此一来，他今后将以何立世？

萧何必须做出明确的选择，不能犹豫，不能含糊。他知道吕后的手段。这个为刘邦出生入死，进楚国军营被项羽囚禁、多年颠沛的女人，绝不会让步。

遥想多年前的一个月夜，萧何奋力追逐，才将韩信带回汉营，又苦劝刘邦赐其高位。如今却要由他来将自己捧高的将星亲手扼杀，萧何不住叹惋。

罢罢罢，自己选择的人是刘邦，苦心经营的是大汉的天下，不拿韩信，朝野不稳。萧何只好铁了心，去主持一场针对韩信的"鸿门宴"。

萧何来到韩信府上，韩信亲自相迎，浑然不知面前的恩人很快要将自己置于死地。萧何把皇上平叛成功、杀掉陈豨这一托词告诉韩信。韩信顽固不化，死活不肯就范，拒绝到朝中祝贺，对萧何说："一直以来，我身体抱恙，心中自然替陛下高兴。入朝祝贺，这锦上添花的事情，我就不去凑热闹了。"

自贬为淮阴侯，韩信闹情绪，一直装病不上朝，刘邦亲征陈豨，他也称病不从，如今仅仅是一次朝贺，他怎么可能去呢？

萧何耐着性子劝道："无论你是真病还是假恙，都得勉为其难去一趟，这么大的事情，大家都去祝贺，你本就不得圣心，再不去祝贺，更会落人口实！"韩信实在推脱不过，只得勉强随萧何来到长乐宫。

　　萧何在韩信被杀这件事中所扮演着极不光彩的角色，就连司马迁也在描述中多显鄙夷："吕后欲召，恐其党不就，乃与萧相国谋"。宋朝文学家洪迈也批评说："何尚能救黥布，而翻忍于信如此。"韩信问题的根源虽然不在萧何这里，但在这件事中，萧何确实做得不地道，无论有多少理由，这个骂名他必须背。

　　深究韩信之事，关键在于韩信与刘邦的关系，在于韩信认不清自己的角色。萧何和吕后只是这件事的催化剂，即使没有萧何，韩信也难逃一死，因为刘邦对韩信的猜忌由来已久，只是如何落幕，在方式上不同而已。

第三节　血溅长乐宫

　　韩信刚步入长乐宫，众武士就一起扑上来。韩信还没明白发生了什么事，就已被摁倒在地。

　　韩信看了一眼萧何，愤怒地问道："这是为何？"

　　萧何不忍，只能抛下一句话："问问你自己吧！"说完就走了。

　　韩信被众武士扭送到钟室。钟室光线略暗，房间宽大、清冷，高高的房顶上挂着一口硕大的铜钟，这钟声总是在卯时准时响起，长安城里的人，每天在铜钟的呼唤声中醒来。较远的前方，有一个背影，看样子是个女人。韩信觉得一个女人应该掀不起什么风浪，言语间不觉多了几分硬气，问道："为何绑我到这里来？"

"哈哈哈——"回答韩信的，是一阵充满胜利而又裹挟着鄙视之意的笑声。

"原来是皇后，为何这般对待我？我是陛下封的淮阴侯。"此时的韩信再次表现出政治上的愚钝，忘记了皇上皇后是一体的，竟搬出刘邦来向吕后施压。

吕后缓缓转过身来，盯着韩信，一字一顿地说："淮阴侯，不觉得讽刺吗？你不是对自己被降为淮阴侯心有怨气吗？现如今倒拿它做你的护身符，事到如今，淮阴侯心里还没点数吗？"

吕后一连串的反问，并没有完全挫败韩信的锐气。韩信不仅精通兵法，还熟读经典，有为自己辩护的能力，他自忖百万军中血战都不皱眉头，何惧一个女人，于是在自负中开始反击："微臣愚钝，想问皇后几个问题。"

"但说无妨。"

"汉室天下何来？"

"全力打拼而来。"

"何人打拼而来？"

"当然是陛下带领功臣元勋打下来的。"

"我韩信难道不算功臣吗？"

"自然算得。"

"既然如此，皇后就是这样对待功臣元勋吗？"

韩信虽然被缚，气势上毫不服输，他不允许一个女人如此作践自己，咬着牙发出冷冰冰、带着寒气却正义凛然的反击："大汉帝国，岂容女人干政，将功臣置于这般境地？"

"容不容，不是你韩信说了算的，大汉是刘氏的大汉，本后是太子的母亲，自然有权清除祸患。"吕后不慌不忙，却开始步步逼近。

"那我倒要听听，我何时成了大汉的祸患？"

"反叛谋逆，这算不算？"萧何突然站出来问道。

韩信一怔，刚才只顾着和吕雉对话，根本没有注意萧何什么时候来到了自己跟前。面对这位昔日的知己，韩信一时有点心虚，但还是强硬地说："这与我何干？"

"那我问你，陈豨到你府上造访，你说了什么可还记得？与家臣筹谋，准备释放各衙署所有的苦役和官奴，袭击皇后与太子，如此大逆不道之事，你还是有勇气承认的，对吧？"萧何义正词严地问道。

"欲加之罪，何患无辞！"萧何的话，一下子打破了韩信的心理防线，不由得眼神慌乱，后背发凉。

对韩信来说，这些话若是刘邦、吕雉问他，他还有心争辩，但面对萧何，韩信忽然觉得自己有愧于他。

萧何此时用激将法，还带有一丝提醒，希望韩信及时认罪，或许能保住性命。因为韩信本事再大，也已是瓮中之鳖，吕后要取其性命，可谓手到擒来。可韩信并未理解萧何的意图，还硬挺着不认账。吕后可不想就这样让韩信死去，她要挫掉他最后的骄傲和尊严。接下来，她开始细数韩信之罪状。

"你不承认也无妨，我们姑且不论。成皋之战，陛下被困荥阳，你不思救驾，反要挟封王，陛下只是夺你兵权；项羽败亡，明知陛下在缉拿项羽旧部，你却把钟离眜这个战犯收于身边；有人上书告你谋叛，陛下只是将你由楚王降为淮阴侯。你一而再，再而三地挑战陛下的底线，陛下还是竭力容忍你，皆因念你有功，但我想对你说，做人应该低调，功劳不是你恣意妄为的资本。"

此时韩信才见识了吕后的厉害，他原以为吕雉乃一介女流，只知家长里短，如今却条分缕析，气魄非凡。韩信一再构筑的心理防线，一次次被吕雉击溃。

"你私字当头。"萧何悠悠地说。

韩信不服气地反驳："我为汉朝打下半壁江山是为一己之私吗？"

"你的功劳，陛下深知，将士明白，苍生感恩，但如今你将君臣道义、天下苍生置于自己的功名之后，只顾实现自己的抱负，不惜挑起战争，难道不是为了一己私利吗？"萧何想不通，韩信为何到了这个时候还执迷不悟。

韩信沉默不语。萧何说的，他又何尝不知道，可是刘邦当初是答应平分天下的呀！如今看着诸侯王一个个被杀，兔死狐悲，难道要他也坐以待毙！

眼前的萧何面色铁青，怒目圆睁，全然不像以前那样平和。韩信有些生气地问道："你敢说你就永远忠心耿耿吗？"

萧何要杀韩信，本来心里是有障碍的，总觉得自己太无情，可为了汉王朝基业稳固，为了保证刘邦、吕雉的权位，他必须这么做，也只能这么做。他哄骗韩信进了钟室后，内心多少还有几分不忍，一直盼着韩信能主动伏法，涕泪求饶，或许还有一线生机。

现在韩信的反击戳痛了他，他十分气恼，心里的不安和愧疚也消失了，怒骂道："陛下给你那么多厚爱，你却大逆不道，欲行谋反，罪不可赦！"

韩信一听，知道自己在劫难逃了。他统领大军，四处征战，见惯了生死，面对死亡并没有表现出畏惧。

关于钟室内的杀戮，众说纷纭，有人认为韩信是竹签致死，有人认为是被活活打死。

萧何这个半辈子和善的男人，终于在政治斗争中显露出狠辣的一面。

韩信死后，朝廷很快贴出告示：淮阴侯韩信，与陈豨勾连，暗中谋反，被诛，夷其三族，以示天下。

对于韩信之死，《史记》《汉书》虽持有不同观点，但对韩信鲜明的性格特点和卓越的战功都非常认可。韩信之死，在世人眼里是萧何明哲保身，与吕后共同谋划并亲自参与实施的；司马迁则认为韩信之死，归根结底在于其自身，而非萧何。

即便如此，萧何终究因为参与密谋，并亲自邀约，而落了冷酷阴险的骂名。虽然他是出于保护刘家江山的目的，并非为了自身利益，但他也深知唾沫星子淹死人。朝政论功排第一，已经让他和沛县功臣们产生了隔阂，如今又因诱骗韩信，再次让其他大臣远离他。

他深夜自忖，悔不该认识韩信。若自己不曾认识韩信，不曾深夜追回韩信，缠着刘邦封韩信为大将军，现在也不至于成为孤家寡人。单纯从朋友的角度出发，确实是他辜负了韩信。无论话说得多么冠冕堂皇，也难以掩盖真正的本质——他要保自己的命！

　　而现实就是这么的残酷，踏上政坛，便身不由己，在大是大非面前，个人情谊又算得了什么呢？

第十三章

信任危机

第一节　自污以求全

　　人都是需要归属感的，当在朝堂内寻不到支援时，萧何转而把目光投向了百姓。这虽然有些自欺欺人，但至少是一剂慰藉心灵的良药。

　　萧何开始着力塑造自己身为大汉丞相的形象，长安街巷里，经常能见到他的身影。百姓们对能面对面与丞相接触而激动不已，萧何也愈发珍惜这难得的亲民机会，或赈济灾荒，或扶危济困，或解燃眉之急，或解囊相助……

　　萧何亲民和蔼、一心为民的光辉形象树立起来了。对萧何而言，得万人之敬仰远超群臣之拥戴，于是他怡然自得起来，再也不受"被孤立"的坏情绪影响。韩信之死带来的负面情绪渐渐被百姓的热情所淹没。

从外表看，萧何还是以前的萧何，甚至更为谦逊了，可他内心深处确实生出了些许膨胀的念头。从沛县一路走来，他殚精竭虑，日夜操劳，如今终于赢得民众真诚的拥戴，这不就是他毕生的追求吗？这时再回头看看，那些跟随刘邦的诸侯王，一个个落得悲惨下场，追求高位却反而跌落谷底，甚至付出生命的代价，何苦呢？

他不再为韩信等人的死寻找借口，也不想为他们劳心费神，管好自己，老老实实地当好汉朝的大管家，此生足矣！

韩信被杀时，刘邦正在代地平叛，得知萧何和吕雉用计杀了韩信，心中有喜有悲也有怜。喜的是终除心头大患，悲的是韩信如此有才，竟这样丢掉性命。但是，他心中隐隐还有一种别样的感觉。萧何与韩信之交乃世间佳话，到头来萧何不还是站到了韩信的对立面？那将来有一天，萧何会不会也站在自己的对立面呢？刘邦在心里无数次问自己，最后决定出招试探萧何这潭水的深浅。

不久，刘邦下诏书说：因诛杀韩信有功，拜萧何为相国，加封五千户，派五百卒和一都尉来保卫萧何的安全。秦汉时期，常设左右丞相。相国和丞相职务相同，但比丞相位高权尊，且相国只有一人。

萧何从丞相升为相国，名誉上又高了一级，朝中大臣、亲朋好友皆来祝贺。

萧何很清楚，这其中多数是虚伪的恭维，但他现在很需要这种同僚之间一团和气的氛围。

人在最得意的时候，给自己泼冷水的那个人，绝对是真正的挚友。

这天，一个名叫召平的门客突然身穿素衣白履，昂然走进大厅吊丧。

丞相升迁，全府大喜，召平却来败兴，涵养极高的萧何也忍不住了，大声呵斥："你喝醉了吗？"

召平不疾不徐地说："相国啊，恐怕您的灾难就要开始了。"

召平是故秦东陵侯，秦灭亡后沦为布衣，种瓜于长安谋得生计，他所种之瓜个大甜美，人称"东陵瓜"。他不只是懂得种瓜之道的一介布衣，而是能从刘邦对萧何的封赏中看出潜在的危险。

召平继续向萧何进言："皇上在外辛劳作战，而您守于关中，独揽朝政，没有冒战场之凶险，却尽享皇恩。加封并安排人保护您，只是明面之言。其实这是因为淮阴侯谋反之事，皇上对您起了疑心，设置卫队监督您，实非宠幸啊！希望相国您能辞让封邑，把全部家产捐赠出来，资助军队开支，这样皇上就会高兴了。"

正如召平所言，外表的风光，时常潜伏着内在的凶险。刘邦一石二鸟的做法，不但明扬暗抑，而且借萧何升迁之机，堂而皇之地在他身边安插监督者；又利用萧何和韩信特殊的关系，让他承担韩信之死的责任，造成臣子之间不睦，这是皇帝希望看到的结果。臣子们不和，皇帝就会成为仲裁者，反而对稳固皇权有利。

政务水平很高的萧何，对人际关系总是看得不够透彻。所幸"亡羊补牢"是他最大的优势，一旦发现问题，他就会积极地解决问题。萧何依召平所言而行，刘邦果然圣心大悦。

化解了君臣危机，萧何也想通了：相国这顶帽子已经完全满足了他的欲望，他知足了。他甚至想到，就这么在万民赞颂中了此一生，已经是祖坟冒青烟了。可是，身居高位者，要想平安度过余生，有时也是一种奢望。

此时韩信、彭越已经被除，但刘邦却陷入了怀疑的怪圈，无限循环，觉得每个人都不再可靠。绝对的权力本应带来绝对的安全，但随之而来还有"觊觎者正在不断增加"的恐惧。年纪越来越大的刘邦，想趁自己宝刀未老，彻底摘除汉王朝的毒瘤。

当时，淮南王英布因为韩信、彭越之死，惶惶不可终日，却不料还有惊心动魄的恫吓等着他。这天他正在郊外打猎，收到吕后派人送过来的一罐肉酱，咀嚼颇香，结果却被告知是彭越尸体所制，英布顿觉胃里翻江倒海，恶心呕吐不已。兔死狐悲地感同身受，迫使他暗中集结并部署部队，构筑安全屏障，以防不测。

常言道："祸起萧墙。"无论英布怎么对外防范，也避免不了内部引起的祸乱。

贲赫是英布的手下，英布的爱妾多次到贲赫家对面的药馆看病，贲赫不知是感情泛滥还是艳羡美色，竟然稀里糊涂地常去探望。这种暧昧之事被英布知晓后，贲赫胆战心惊，为了活命就火速逃往长安，以告密者的身份求得刘邦的庇护。

刘邦闻听英布要谋反，就和萧何商量对策。萧何或许是不愿意再做恶人，说出了维护英布的话："英布不应该造反啊，说不定是贲赫跟他有仇怨，故意栽赃陷害，可以先将贲赫抓起来，派人去试探英布。"

刘邦采纳了萧何的建议，派使者前去调查英布。英布听说贲赫已经被抓治罪而亡，判定他死前定然揭发了自己准备造反，又见汉使者前来，愈加确定自己判断无误，遂杀了贲赫全家，孤注一掷，直接发兵造反。

刘邦这时已经六十高龄，又有伤病，考虑到身体原因，他想让太子刘盈前往平叛。吕后十分担忧，太子亲征就像一只羊带领一群狼，管理上就是一大困难。撇开这点不说，一旦失败，将失去太子之争的筹码，因此吕后和群臣坚决反对，刘邦只得带病"自往击之"。

这时，睿智的张良就做出了不同的选择。他听说刘邦亲征后，追到曲邮，劝说道："臣本应该一同前去征讨，无奈病得太重。英布率领的楚军勇猛，陛下不要与他们正面硬拼。"刘邦颇为感慨地说："子房良臣，国家需要你啊。"

张良还提出建议：让太子任将军，监关中兵。

刘邦自知年迈，这次带兵平叛能不能全身回来还不一定，所以他嘱咐张良："子房虽然多病，勉强支撑着身体也要辅佐太子啊！"颇有托孤的意味。

和英布对战时，刘邦不知怎么又想起了贲赫到长安城里告发英布造反时，自己征求萧何的意见，他竟然说英布不会造反。萧何身为相国，坐镇长安城十年，根基深厚，关系盘根错节，他会不会也和这些诸侯王有勾结？若是那样的话，汉将易主，改姓萧！

刘邦又想到自己出征时，张良还特意追过来，莫非是看出了什么端倪，又不便明说，这才提醒自己，莫要失去后方，让别人钻了空子。一定是这样的！张良这个提醒太及时了，让太子率领关中军队，这招果然有效！张良啊，老臣谋国，一点不虚！

刘邦再也睡不安稳了，当即派使者前往长安询问相国在干什么。这个时候，刘邦心中是有底的，别看张良有病在身，但有他辅佐太子，长安一定安然无虞。

而萧何知道刘邦在前线作战，自己还像以前那样，全力安抚勉励百姓，与君主同心，并且和平定陈豨叛乱时那样，及时地将自己的私人财产捐献给前方部队。

萧何以为，同样的事情（平叛），采取同样的方法（捐出财物），一定能取得同样的效果（让皇上满意）。可此一时彼一时，刘邦收到萧何捐献的财产后，更为怀疑了：看来萧何是铁了心要收买人心，我大汉朝再穷，也不至于让你一个相国捐资助军啊！

于是，刘邦再次派出使者，催逼萧何回答他在长安城里做什么。

萧何突然意识到，刘邦"数使使问相国何为"这一幕，和当年刘邦与项羽相拒京索之间时"上数使使臣劳苦丞相"何其相似。

同一个地方，萧何被绊倒了两次。他没有从前一次的信任危机中警醒，反而认为年老的皇帝在前线打仗，更需要自己的支持。

他比以往更加卖力地搞好后勤支援，不料认知上的南辕北辙，导致他依旧在被怀疑的道路上行走。

幸好，有预感的舍人察觉出了危险，对萧何说："相国恐怕不久会有灭族之祸。"

听舍人这么一说，萧何还一脸不解："何出此言？"

"您贵为相国，功名位列第一，皇上还有什么可以奖励您的吗？"

萧何细思，还确实是这样。不过他的脑子一时没转过弯来，不知舍人到底要表达什么。

舍人继续说道："我知道您在想什么，您是在想，从初入关中您就深得百姓之心，如今已有十年之久，百姓都来归附您，而您还在孜孜不倦地做善事，威望在百姓心目中不断提高。"

"我这样做，还不是为了大汉朝，为了天下百姓？"

舍人毫不客气地指出："那只是您自己的想法。您十年来治理关中，处处为百姓着想，受到百姓的拥护和爱戴。如此一来，民心都向着您，皆感念相国之恩，在皇帝眼里，您随时可以动摇其皇位。"

萧何终于明白过来了：能力是把双刃剑，既能成为升迁的筹码，也能成为"震主"的利刃。

看来干得多不行，干得少不行，撒手不干也不行，干得不好还是不行。怎么办？萧何一时犯了难，尤其想到各诸侯王的悲惨下场，想到吕后残忍的手段，他不寒而栗，眼下一定要做点什么，以悦圣心。

萧何于是诚恳地请教舍人。舍人说："解决此事要找到问题的症结所在，您想想陛下现在最担心什么？"

"担心我在百姓中口碑好，动摇陛下的统治根基。"

"既如此，相国何不到百姓中间，强行置买百姓田地，以此降低您在百姓心目中的地位？"

这不是让他做贪官，自污名节吗？萧何连连摇头，坚决不肯。

舍人见状，只好无奈地离开了。

一辈子把名声看得比生命还重要的萧何，一想到要自污名节，顿时觉得未来一片黑暗。刘邦啊刘邦，你我君臣如此知心，为何你还要三番五次地怀疑我，如果我真有什么异心，何必跟着你出生入死这么多年？作为生死之交，信任什么时候变得如此脆弱！

辗转难眠几天后，萧何终于想通了，决定采纳舍人的意见，以自毁名声为代价，让皇帝满意。刘邦知道后果然非常高兴。

萧何这一行动，给刘邦释放了两个信号：

一是他不得民心，并非众望所归，抢不动皇帝位置。

二是他的价值取向在于财，没有政治野心和政治抱负。

回过头来看，萧何历经数次信任危机，都发生在刘邦领兵在外打仗之时，可以说是一见面就放心，一远离就起疑。这主要是因为，刘邦出身低微，凭着自身的奋斗和努力好不容易打下了天下，极度缺乏安全感，和萧何在一起的时候，他知道萧何在干什么，为什么这么干。一旦两人分开，他看不见萧何，安全感也随之降低。

萧何之所以愿意卑微地自污名节，也不仅仅是为了求生，他是觉得，奋斗了大半辈子，多少次都忍过去了，也不差这一次。

还有，他不愿意像张良那样选择隐居，而更乐意做个干实事的人。如果没有了事业，他会感觉人生毫无价值。若失去相国这个职位，即便他心怀悲悯，也无法救助任何一方百姓；即便看出朝政的弊端，也因不是朝中人而没有发言的权利。如此一来，人生不断奋斗，砥砺前行，还有何意义！还不如早早就躲在沛县不出来，做个小富即安的农户。

尽管想通了，萧何还是心生悲凉。当了相国，从此就失去了那个"本真"的萧何。或许在旁人看来，相国萧何越来越成熟老到。有谁知道，五十多岁的萧何，内心还十分留恋沛县那段青春激荡的岁月和兄弟们肝胆相照的豪情义气……

汉初三杰中，韩信矜功伐能，居功自傲，把自己送上了不归路，这是萧何人生信条中所忌讳的；张良功成身退，当后世对他的归隐行为给予褒奖时，是否可以看到其消极的一面，那是没有责任担当的逃避行为，如果世人皆如此行事，这个社会如何发展，百姓哪来的幸福安宁？

萧何既不是韩信，也不是张良，他就是那个坚持自己原则的萧何——一个永不停歇的实干家！

第二节　下狱后的反思

刘邦平定英布后，率师凯旋，返回长安城。一路上，不断有百姓拦路告状，说相国萧何低价强买平民田宅。刘邦已提前知道此事，百姓控告得越厉害，他反而愈加安定，非但不怒，还哈哈大笑："看来真是我多虑了。"

朝堂上，君臣二人再次相见，虽然刘邦离开并没有多长时间，彼此却感到既熟悉又陌生。刘邦微笑着说："堂堂汉朝相国，竟然夺民之利！"说话之间，他把写有相国罪状的奏章全部交给萧何："你去给民众解释吧。"

萧何见此情况，知道刘邦并非真的生气，明白自己的所作所为起了作用，遂趁着刘邦高兴，提出请求："皇上，长安地带狭窄，耕地有限，而上林苑中空地很多，与其白白地荒置，不如让百姓进去耕种，粮食收成归百姓所有，田中秸秆留下，作为苑中禽兽的食物。"

萧何本以为刘邦会高兴地同意下来，没想到刘邦勃然大怒，冲着萧何吼道："好你个萧何！你大收商贾财物，竟然拿朕的上林苑取悦百姓。"当即将萧何交给廷尉，押入大牢。

这一次，萧何再次聪明反被聪明误，成为阶下囚。

可叹萧何自以为已经洞察了刘邦的心思，只要他肯自污名声，刘邦就会消除猜忌。其实刘邦希望看到的是，萧何有真正的污点，而不是自污！

自污是什么行为？自污就是对皇帝的欺骗、要弄、嘲笑，就等于明白地告诉刘邦，我是摆出样子给你看！

对于刘邦来说，如果他能看出萧何是摆出样子给他看，那么，别人也都会看明白的。这不是等于告知众人萧何是受他逼迫吗？萧何自污，却来牺牲他的名声，让他落得个"容不下人"的恶名。

最让刘邦难以忍受的是，萧何不仅不知收敛，还变本加厉地"急于证明"：污名非其所愿！

刘邦震怒正在于此。没有面对面时，他本来只是猜测，如今萧何却面对面地要撇清自己，将他架在火上烤。这还得了？

刘邦下令将萧何抓入监狱，就是要证明两点：

第一，他是皇上，不允许任何人以任何手段欺骗他！

第二，所有臣子的生杀予夺大权，永远掌控在皇上手中。

所以，刘邦毫不顾及情面，即使是功劳第一的相国萧何，做错了事，惩罚起来也毫不手软。

此时的刘邦年岁已高，又有伤病，再不痛下杀手，树立绝对的威信，只怕汉室江山会在他去世后落入旁人之手。

刘邦想不通，从来都是服服帖帖、聪明绝顶的萧何，为何一次次做出荒唐的行为，是故意挑战自己的权威，还是为沛县功臣人代言？明明韩信就是功高震主，不服管教，而且又是萧何亲自把他送上了断头台，莫非萧何是真的不懂，做老老实实的臣子才是本分？

狱中阴暗、潮湿，萧何扫视了一圈，找了一个地方坐下来。身为百官之首的相国，如今却蹲在监狱里，自己到底做错了什么？

萧何想不通，索性不想了。

刘邦在等着萧何的党羽出现，可惜整个汉廷，竟然无一人为萧何求情。刘邦也迷茫了，究竟是自己做得对、让大家无话可说，还是这些人真的被自己震住了？又或者他们要继续隐藏下去？如果是这样的话，那就太可怕了！

刘邦从来没有想过，是他把萧何逼迫成了孤臣！还好，他终于等来了一个人。

一位姓王的卫尉勇敢地站了出来，为萧何求情。卫尉是秦汉官职，九卿之一。在汉朝军制中，卫尉是负责警卫宫廷的统领，由皇帝信任的人担任。这个王卫尉觉得皇上冤枉了相国。他问刘邦："相国犯了何种大罪，陛下竟突然将他下入大狱？"

刘邦说："朕听说李斯担任秦国的宰相时，善事、好事之功皆归于皇上，错误之责则自己承担。现在相国大量收取商人的财物，却拿朕的上林苑取悦于民，所以才治其罪。"

王卫尉却继续说："为民请命是相国分内之事，陛下怎能以此怀疑相国收受商人贿赂呢？当年楚汉相争，陈豨、英布反叛时，相国独守关中，只要他稍有举动，函谷关以西就不是陛下的了。相国不在那时为自己谋取天下之利，反而看重商人的区区小利吗？再说，秦始皇失去天下是因为不知道自己的过错，李斯的做法有什么值得效仿的呢？陛下为何因自己鄙薄之想法而怀疑相国呢？"

刘邦并不糊涂，听王卫尉这么一说，也觉得自己有点过分，于是就借坡下驴了。

再则，刘邦深知萧何多年操劳，年老体迈，最终也要退出政治舞台，但是目前看来，自己要先萧何而去，在权力的交替与平稳过渡上，萧何仍然是不二人选。

因此，王卫尉求情后，刘邦便派使节手持符节赦免萧何。

人活得越是明白通透，胆子越小。萧何一大把年纪，平日里一向谦恭谨慎，出狱后光着脚步行入殿谢罪。

刘邦看到一向衣着整齐的萧何，此时一袭深衣皱皱巴巴，还粘着杂草，光着脚，佝偻着身躯，匍匐在面前。一向感性的他也深为触动，对萧何说："相国不要这个样子，你为百姓请求开放上林苑空地，朕不允许，朕不过是像桀纣那样的昏聩暴君，而相国是贤臣良相，朕把相国下入狱中，无非就是让百姓知道朕的过错。"

刘邦确实有着过人的驭人之术，这次把萧何逮捕入狱，不但以"君是桀纣"收场，还给了萧何治国良相的美誉。因为他还需要萧何帮助自己完成最后的王朝权力过渡。

刘邦往日的许诺依然有效，萧何功列第一的地位不变。刘邦还特别恩赐萧何朝见上殿时，可以佩剑穿鞋，不必小步疾行……这种种特权，显示了刘邦的胸怀，也为萧何继续忠心效主提供了安全感。

巧舌如簧的刘邦，就这样把这次抓萧何入狱的事件变成了一桩美谈。

出狱后，年近六十的萧何在身体、心理的双重压力下，开始病魔缠身。

他开始反思：为何自己作为刘邦最贴心的大臣，却一次次受到警示、惩罚？

行有不得，反求诸己。想来想去，萧何竟认为自己太贪！不是贪财，而是贪图名声、名誉、名节！

萧何认为，自己早已过了五十而知天命的年纪，却不能保持平和的心态，还一直奢望得到更多。试想，一国之相，已经是人臣的顶点，如果再有想法，那就只有当皇帝了！难怪刘邦会多次起疑心，这不怪他！是自己做错了！

当初刘邦与项羽对峙京、索时，刘邦派使者前来慰问自己，自己还得意，是鲍生提醒自己赶紧派子弟入军营，才消除了君臣嫌隙。是自己不如鲍生聪明吗？显然不是，是自己肤浅地陷入"得意"之中，当局者迷。刘邦平定陈豨叛乱时，封自己为相国，给五百兵，众人都来祝贺，唯有召平穿孝衣警告，自己才急忙将财产捐出助军，使刘邦放心。难道说自己不如召平有远见吗？显然也不是，这是自己狂妄了，自认为应该得到最高奖赏，昏了头脑，不肯主动向刘邦"示弱"。这一次入狱前，刘邦几次派人询问自己在长安的动向，仍是舍人提醒，自己才赶紧自污名声。错就错在，他自作聪明，不肯真污名声，骗不过智慧的刘邦，才咎由自取，锒铛入狱。

刘邦需要的是绝对稳定的政权。萧何需要做的，就是鼎力辅佐，做个听话的相国。刘邦对萧何治理国家的能力并不怀疑，他怀疑的是萧何是否对自己忠心不二。

萧何年轻时，地位是比刘邦高的。萧何在沛县时看刘邦，是居高临下的。当时他甚至怀疑刘邦的能力，评价道："刘季本来就喜欢说大话，却很少能办成大事。"

而现在萧何明白了，无论刘邦其人如何，掌握最高权力的是他，除了刘邦之外的所有人都要受到权力的摆弄。或许，刘邦自身也被权力所困，因此才接二连三地怀疑萧何，最后却又选择继续信任萧何。

萧何与刘邦之间的关系，道尽了政治的无情、政治人物的无奈。

第三节　从异姓王到刘姓王

萧何与刘邦的关系，恰如其分地诠释了一句话：树欲静而风不止。只要做一天君臣，就会有一天危险。萧何的经历，也向世人说明了一个道理：身为臣子，无论资历多深、功勋多大，都要摆正自己的位置，与皇帝高度保持一致。

尽管如此，萧何仍努力承担起相国的职责，配合刘邦完成了最后的王朝权力布局。而这还要从刘邦登基说起。

刘邦登基，形式上有三次。

第一次是在汉五年（前202年）二月，新受封的楚王韩信和梁王彭越联合原来的燕王臧荼、赵王张敖以及长沙王吴芮，共同上书刘邦，请刘邦即位称帝。

当时项羽刚刚被消灭，所有人都还未反应过来。刘邦提前意识到，自己辛苦这么多年，必须占住"皇帝"这个称号，才算是真正的成功。但要占住皇帝之位，必须有所付出，所以他毫不犹豫地同意将韩信封为楚王、彭越封为梁王等，用这种土地换和平的方式与诸侯王讲和，而诸侯王则需要共同推举他为皇帝。

这时，刘邦这个"皇帝"，不过是换了一种称呼，即用"皇帝"代替"汉王"。对诸侯王来说，自己拥有封国，也有军队，并且设立了丞相、三公九卿等官职，完全是独立的国家。

诸侯王认为，刘邦会乐意当这么个名誉上的皇帝，所以韩信劝说刘邦："大王虽然出身贫寒，但能率领众人扫灭暴秦，诛杀不义，安定天下，功劳超过诸王，您称帝是众望所归。"

刘邦说："既然你们都这样看，觉得有利于天下吏民，那就按你们说的办吧。"

二月初三，刘邦在定陶汜水之阳草草举行了登基大典，定国号为汉。这是他第一次登基。

五月，刘邦回到周朝王城，欲定都洛阳。由于娄敬、田横劝说刘邦定都长安，刘邦最后做出决定，于六月定都长安，又举行了庆贺仪式。此时，实际上等于第二次登基，相较于第一次匆忙登基，这一次办得热烈而隆重。

刘邦当上皇帝，是典型的利益瓜分游戏。刘邦是游戏的发起者，也是游戏规则的制定者。诸侯王皆因有功封王，名义上是汉朝的隶属，实际上相当于是国中之国，这种君主联盟的特殊形式，让刘邦这个皇帝成为诸侯王中最大的一个王，而不是后世掌控国家权力的皇帝。

刘邦是典型的实用主义者，在整场游戏中，他始终是最清醒的人，清楚地知道自己想要什么。

各诸侯王都具有一定的资历或实力，刘邦想依靠他们，取得胜利，必须答应他们的要求。

随着天下的稳定，分封诸侯王的弊端渐渐浮出水面，严重阻碍了西汉这艘大船向前航行。

刘邦在走向中央集权的道路上一刻也没有停下脚步。汉王朝已经成立，各诸侯失去了在楚汉战争时期的重要价值，反而成为皇朝政治权力的威胁。钱穆先生在《秦汉史》中就精辟地指出各诸侯王"皆与高祖素等夷，各据其手定之地。外托君臣，内实为敌国"。诸侯国与中央政权产生了难以调和的政治矛盾。

汉十二年（前195年），刘邦已经62岁了，一身伤病，自知来日无多，便开始谋划身后事。为了巩固中央集权，刘邦不得不设法改变自己造成的局面。当他剿灭了有实力的诸侯王，又意识到其他的危险正在逼近，于是，为了削弱诸侯王的权力，也为了巩固刘姓江山，刘邦采取了分封刘姓王的措施，希望靠着这种强大的亲情联盟，抵抗异姓王带来的威胁。

刘邦这种行为，其实还是在开历史倒车。

公元前221年，大秦帝国一统华夏，秦始皇和大臣们举行了一次盛大的宴会，用于庆祝他们的"千秋功业"。酒酣宴乐之际，丞相王绾等人向秦始皇提议："天下初定，华夏之地又太过广大，像燕、齐、楚等偏远之地，应该设立藩王，以维护帝国的统治与安定。"

对于王绾的建议，秦始皇有些犹豫。对于整个华夏之地来说，仅仅靠秦朝，能否永远守住，确实是个问题。于是，秦始皇让大家共同讨论王绾的提议。大部分人都是"经验主义者"，认为王绾说得对，毕竟从夏商周以来，各朝代都是这么统治华夏的。

丞相王绾再次提出建议：诸侯都战败了，燕、齐、荆地又很远，不宜再封王。要立诸侯王，应从皇子中挑选，这样更为稳妥。但是，这个建议遭到了廷尉李斯的坚决反对。他直言不讳地指出：

在天下一统之时，再次封藩建国，无异于开历史倒车。

李斯举了一个最为简单的例子：周朝从春秋开始，那些曾经都是亲戚的诸侯王，就没消停过，不是"五霸轮流坐庄"，就是"七雄相互攻伐"，而周天子却不能禁止；这个本来是维护周王朝统治的分封制，后来却成了混乱的根源。但是，如果实行"郡县制"，就不会出现这个问题。秦始皇于是推行郡县制。

刘邦为了遏制异姓诸侯王，分封刘姓诸侯王，的确是有风险的。而且后世无数的例子也证明，分封树藩是祸乱之源。比如，汉初的"七国之乱"、西晋的"八王之乱"，以及明初的"靖难之变"。

那么，刘邦为何还要这么做呢？萧何在这场分封改革中，又充当了什么角色？

刘邦认为，虽然实力较大的异姓诸侯王已经被铲除，但不排除他去世后较弱的诸侯会发展壮大，所以他要通过刘姓诸侯王来压制异姓诸侯王残余势力。

可即使是刘姓诸侯，刘邦也不得不提防。

先说刘邦庶出的大儿子刘肥。刘肥是刘邦的长子，因此也最有可能对抗未来的皇帝——刘盈。

刘邦对刘肥既约束又信任，封他为齐王，建立齐国，定都临淄，统辖七十三城，是西汉最大的诸侯国。但为了防备刘肥，刘邦又任命了沛县功臣里威望仅次于萧何的曹参担任其丞相，并私下给予曹参承诺，使得曹参在安心辅佐的同时也监视刘肥。

对于戚姬所生的小儿子刘如意，刘邦又担心未来皇帝刘盈的母亲吕后痛下杀手，于是派出了性格耿直的周昌作为丞相，以保护赵王刘如意。

其他分封的还有代王刘恒（即后来的汉文帝）、梁王刘恢、淮阳王刘友、淮南王刘长、燕王刘建等。

刘邦分给儿子们的诸侯国，几乎就是原先韩信、英布等几个较大的诸侯王的封地。

刘邦还将自己的兄长、弟弟等封王，包括刘伯（武哀侯）、刘仲（代王）、刘交（楚王）等。

为了防止诸侯王谋反，刘邦临死前采取了多重措施，萧何也为刘邦出了不少主意，特别是通过制度约束，在一定程度上削弱了诸侯国的实力。这些措施主要有：

一是由中央直接为诸侯国指派太傅和相国。这些官员，一部分是刘邦自己选任的，更多应该是萧何挑选的，因为作为百官之首的相国，他最了解每一个官员的底细。而且萧何年轻时就是负责一县官员的考核工作，这是他的长项。被派去的太傅作为诸侯王的师傅，有权直接对诸侯王进行教诲。诸侯王只可以自置御史大夫以下的官员，这一措施等于变相将诸侯国的最高行政权力牢牢掌握在中央手中。

二是按照规定，各诸侯王必须要向朝廷缴纳一定数额的献费。刘邦在汉十一年（前 196 年）下诏："令诸侯王、通侯常以十月朝献，及郡各以其口数率，人岁六十三钱，以给献费。"

三是军权仍归中央。诸侯国虽然拥有一定数量的军队，但诸侯王如果没有皇帝的虎符，是不能发兵的。

四是诸侯王需要定期朝觐皇帝。这样，皇帝就能掌控诸侯王的动向。根据《史记·汉兴以来诸侯王年表》的记载，诸侯国每年至少要到长安觐见皇帝一次。实际上，那些实力较弱或者封地较为偏僻的诸侯王，有的就长期居留在长安城内，中央也不追究，算是默许。

第四节　白马之盟

除了诸侯王，刘邦还有一个最大的担忧，那就是吕后。

刘邦比吕后大十几岁，这时他已经六十多岁，可吕后尚在中年，而且最为强势。太子刘盈仁弱，他去世后，诸侯若反，吕后倒是可以强势地扭转局势，这一点他深信不疑。因为从沛县一路走来，吕后经历的事情太多了，而且她铁腕诛杀韩信、彭越，连刘邦都自叹不如。

所以，刘邦不担心吕后把控不住汉王朝这艘巨轮，相反，他要防止吕后弃刘姓而"吕天下"。凭吕后的能力，这并不是没有可能。

身体不断向刘邦发出警示，每至深夜，在箭矢的伤痛发作中醒来后，刘邦就陷入了深深的忧虑，他想到了自己的智囊后盾萧何。

他心里明白，萧何是个老实人。

要对付吕后，必须找到一个能够与之抗衡的人物。显然，目前没有这样的人。刘邦把萧何找来，谈到了自己的隐忧。

萧何思考片刻，说："唯丰沛老臣，可以依托。"

刘邦点点头，反问一句："如何保证老臣没有异心？"

面对这种赤裸裸的质问，萧何胸有成竹地答道："有太后！"

刘邦对萧何提出的这种互相制衡的策略，十分满意。这样一来，沛县功臣与吕后，谁也不敢轻举妄动。而一旦异姓王或者刘姓王做出不利于皇权的事情，这两股力量又能合二为一。

于是，在汉十二年（前195年）三月，刘邦发布了一份诏书，内容如下：

"吾立为天子，帝有天下，十二年于今矣。与天下之豪士贤大夫共定天下，同安辑之。其有功者上致之王，次为列侯，下乃食邑。而重臣之亲，或为列侯，皆令自置吏，得赋敛，女子公主。为列侯食邑者，皆佩之印，赐大第室。吏二千石，徙之长安，受小第室。入蜀、汉定三秦者，皆世世复。吾于天下贤士功臣，可谓亡负矣。其有不义背天子擅起兵者，与天下共伐诛之。布告天下，使明知朕意。"

在这份诏书中，刘邦无奈地承认，汉帝国的天下是自己与"天下之豪士贤大夫"共有的天下，这种安抚的语调一下子稳住了人心。接着，刘邦逐步解释分封原则：我的功劳最大，得皇帝位。你们有的被封为诸侯王，有的被封为列侯，再次之可得食邑，每个人都享受了富贵。我没有说话不算数。所以，你们日后有行不义、背叛天子擅自起兵的，天下共诛之。

不过，这份诏书仍旧不能约束刘邦去世后新起的权贵集团。

如何解除后患，是躺在病床上的刘邦弥留之际最大的心病。

萧何再次提出了一个大胆的计划——杀白马盟誓，以彻底解决刘邦的隐忧。

白马在古人看来是很神圣的动物，用白马来立誓结盟，代表双方非常重视誓言，绝不敢有违背之心。通过这样一种形式，双方达成一种协议，一旦谁违约，不但心理上要承受巨大的压力，更会引起公愤。

一切准备就绪后，刘邦拖着病体，召集了刘姓诸侯王，以及沛县集团老臣萧何、王陵、周勃等人，由陈平（内定的丞相接班人）作为公证人，宰杀了一匹白马，歃血为盟，立下了"非刘氏而王者，天下共击之"的誓约。

白马盟誓，对吕后也是一种约束。刘邦以为有了这个盟约，就可以防住强势的吕后，殊不知最后还是让吕后封了几个吕姓王。

史载，吕后临朝称制，意欲封吕家子孙为王，右丞相王陵认为不可，说高祖曾刑白马而盟约"非刘姓为王，天下共击之"，这就说明白马之盟时，王陵是在现场的。那为何陈平、周勃却同意呢？莫非他们不在场？显然不是。他们之所以同意吕后立吕姓王，是因为看清楚了当时的形势，吕后专权，如果不同意，势必引起吕后不满，甚至杀戮。后来，吕后一去世，杀掉诸吕的正是太尉周勃、丞相陈平，也是他们迎立代王刘恒入京为帝。这就说明，如果他们是发自内心地同意立吕姓王，也就不会杀诸吕了。

白马之盟的具体内容，根据已有的史料，大体包括这几点：

王与侯的分封，只能由皇帝进行；只能在刘姓皇族内封王；只能对有功者封侯；谁若违反上述约定，天下共击之。

那么，白马之盟是如何实现制约各方，解除后患呢？

首先说权利。对军功集团而言，必须是有功劳才能封侯。这句话是说给后面的人听的。目前有功劳的这些人已经被封侯了，这就保证了这些既得利益者的权益不会被皇权稀释。对诸侯王而言，不是刘姓不得为王，就稳定了现有诸侯王的心，他们的权益不至于被权臣侵犯；对皇权来说，在大家都遵守这些制度的情况下，王与侯的分封大权已经牢牢掌控在手中；针对吕后，军功集团为保住自身利益，不允许吕姓封王，以不是刘姓为理由，合理合规。

再说义务。对诸侯而言，必须维护皇权，保住刘氏江山。如果刘氏江山不稳，现存的侯爵也将不复存在。对军功集团而言，防范一切威胁皇权的势力，才能确保已经得到的不会失去；对皇权来说，不会厚此薄彼，只要不是刘姓就不封王，只要不是有军功就不封侯，始终把握着权力布局。

可以说，白马之盟形成了一个权力闭环，即王族（皇帝）—政府（军功集团）—王国（诸侯王）—外戚（后宫）互相钳制，利益互保。

这个盟约也确实作用非凡。即便是临朝称制、以手腕强硬著称的吕后，也不得不有所忌惮。据《史记·吕太后本纪》记载，吕后临终之际，诏令赵王吕禄、吕王吕产分别统领北军和南军，并警告他们："高帝与大臣约，曰'非刘氏而王者，天下共击之'。

今吕氏封王，大臣不服。我死后，皇帝年少，大臣可能会发动政变。你们必须守住皇宫，不要着急为我发丧，否则就会被大臣们控制局势。"吕后命令吕姓王掌控政权后再慎重发丧，就是怕大臣抬出"非刘姓为王，天下共击之"这一撒手锏。

其实，刘邦也隐约觉察出了封诸侯的弊病，但他又不得不这么做，于是就"多多益善"地对诸侯和侯进行封赏，这样做表面上看是刘邦讲仁义，实际上是想通过更多的分封来削弱各方势力。

据《汉书·高惠高后文功臣表》所载，仅"侯者"就达一百四十三位之多。这些人在划定的食邑范围内享受赋税，自给自足，在一定程度上也减轻了汉王朝中央财政的压力。

刘邦去世后，萧何除了担任相国，属沛县功臣集团成员，还要监视吕后外戚专权。他身兼这三个重要角色，虽然已年迈，但仍不敢掉以轻心。

当然，白马之盟是有弊病的，这个盟约没有写进律法中，也没有昭告天下。这是刘邦审时度势后做出的抉择。因为一旦他将汉朝家天下的企图公开化，必然会引起如陈胜、吴广一类怀有"王侯将相宁有种乎"想法的底层人士的不满，也会引起六国旧诸侯们"恢复本国种姓"的异心，为了不落众人口实，刘邦采取了"该知道的内部人"都知道的办法，选择性地让"需要知道的人"知道。

正因为没有公开化、制度化，这个盟约就显得有些尴尬。对于知道的人来说，可以抬出这个盟约来警示、约束他人，但别人也可以以"不知情"为由装糊涂，不认账。这一点在后来以陈平、周勃为首的功臣集团欲铲除吕氏家族时就遇到了麻烦：他们给出的理由是刘邦临终有遗言"安刘必勃"，但他们拿不出白马之盟的有力证据来堵住吕氏的嘴。

第十四章 全身而退

第一节　制定《汉律九章》

　　刘邦安排好身后事之后，于汉十二年（前195年）四月二十五日驾崩，时年十七岁的太子刘盈继位，是为汉惠帝。面对新君，萧何以传世匠人般的心态，决心拼着老命，将积累的治国经验好好传承下去。对于还不够完善的地方，他就尽量补充完整。比如，改革律法，制定《汉律九章》。

　　汉王朝建立之初，刘邦就令"萧何次律令"。什么是"次"？虽然到现在为止并没有一个准确的解释，但我们可以从历史的故纸堆里窥见其踪迹。

既然"萧何次律令"是《史记》中记载的，我们就还是从《史记》里寻找答案。司马迁在《太史公自序》中将写《史记》的动机、方法、编纂过程等都做了综述，其中有两句话特别值得我们注意——"于是论次其文""罔罗天下放失旧闻"。

"于是论次其文"，用白话翻译过来是"于是开始论述编次所得文献和材料"。"罔罗天下放失旧闻"，意思是"网罗天下散失的旧闻"。

从这里不难看出，"次"有编辑、校正的含义。著名历史学家吕思勉先生也持同样的观点："古人著书，其辞多非己出，不过采旧文而排比之。故太史公作《史记》，自称'论次旧闻'。论类也，次序也。犹今言类纂矣。"

吕思勉先生说得明明白白：古人著书，大多不是原创，而是将往日的传闻进行编排加工，分类整理，排出次序，就像今天的总编纂。

比较有争议的是，有很多人认为萧何只是编辑了律令，而没有制定《汉律九章》。

真相到底是怎样的呢？

《汉书》和《史记》记载的都是萧何"次律令"。

《汉书·高帝纪下》："初顺民心，作三章之约。天下既定，命萧何次律令，韩信申军法，张苍定章程，叔孙通制礼仪，陆贾造《新语》。"这明显是抄自《史记·太史公自序》："于是汉兴，萧何次律令，韩信申军法，张苍为章程，叔孙通定礼仪，则文学彬彬稍进，诗书往往间出矣。"

似乎班固承袭了司马迁的观点，认为萧何只是编辑整理了前代律令，而非制定了新的律令。然而叫人哭笑不得的是，把萧何"作律九章"的说法正式提出并在著作中确定的，偏偏还是《汉书》作者班固。

班固在《汉书·刑法志》中肯定了扬雄之言，说："三章之法不足以御奸，于是相国萧何捃摭秦法，取其宜于时者，作律九章。"

班固的记录一锤定音，以至于魏、晋各朝均承袭其说，以为萧何作《汉律九章》。如西晋武帝曾下诏书说："昔萧何以定律受封，叔孙通以制仪为奉常"。唐朝初年，太宗李世民亲自过问，由房玄龄、褚遂良、许敬宗等人主持编修的《晋书·刑法志》对班固之说做了进一步阐发，认为《九章律》是萧何以李悝的《法经》六篇为基础，增加了户律、兴律、厩律三篇，合为九篇而成。

如果不是班固故意犯错，那就只有一种说法能够做出最合理的解释：对班固而言，司马迁的"萧何次律令"与他所言的"萧何'作律九章'"是同一件事，只是说法不同，但意思相同。

我们由此得出结论：萧何是有"制律九章"，采用的方法应该是司马迁所说的"次（编纂、校正）"。

现代人不断提出怀疑的理由是，无论是传世文献还是出土文献，汉律篇章都超过了九章。那么，班固在明确知道司马迁所载的"萧何次律令"没有说清楚具体内容，却还言之凿凿地提出萧何"制律九章"，究竟是出于什么原因呢？

一言以蔽之，萧何"制律九章"并不意味着汉律只有九章，"制律九章"是萧何制律的工作重心，而非制律的全部。

《汉律九章》是汉朝的基本法律（类似于现在的宪法），在此之外还有其他法律。如叔孙通起草制定的《傍章》十八篇、张汤的《越宫律》二十七篇、赵禹的《朝律》六篇等，共计六十篇；另外还有杂律，如《尉律》《田租税律》《田律》《钱律》等，共同组成汉王朝的法律体系。由于汉律散佚，看不到原件，后世对汉律的认识主要来源于《汉书》和《晋书》。

律属于国家的基本法典，一般由大臣草拟议奏、皇帝批准颁布，篇章结构整齐，比较稳定。一经颁布，具有长久效力。《汉律九章》被誉为"律令之宗"，在两汉四百多年间一直有效，对后世立法影响颇大。

大凡有名的人物，在与其有关的地方总会留下一些奇闻轶事。在萧何的食邑酇城镇，也流传着萧何制定九律的传奇。尽管这个故事并不可信，但对于全面了解萧何，或许也不无益处。从中也可以看出，萧何在食邑是很有威信的。

传说刘邦刚平定天下时就提出了休养生息的政策。为治理好国家，他命韩信整军策，命萧何在二年内写出律典。萧何因年老体弱，又因诸侯叛乱，需要征讨，国家事务繁忙，所以他抽不出时间修订法律。可这是皇帝的命令，又不得不执行。为了完成这个任务，萧何私下在自己的食邑招纳有才华的学子，希望共同完成皇帝交给的任务。当时酇县城内有一位贫穷的书生叫丘生，才貌双全，学富五车，被萧何选中作为修订律法的人，任命他为"谋事官"，每月给予俸禄。萧何给丘生下达的命令是一年内写出律典。

丘生家临街，环境吵闹，他便在离家二里远、高约百米的大土台上搭了一间茅屋，闭门写律。

丘生的妻子每天要爬百米高的土台，给丈夫送饭。这年桃熟时节，妻子在给丘生送饭的时候，路过自家叔叔的桃园，看见成熟的桃子被风吹落一地，就顺手从地上捡起两个桃子，给丈夫送去。不料这个行为却触犯了丈夫写的律——主人不知情，捡来的桃子算偷。按照律条，丘生把妻子休回了娘家。

丘生的母亲知道儿媳被休，非常生气，要求丘生撤回休书，把儿媳追回来。丘生认为自己写的法律，自己若不执行，怎能治理好国家，所以不听母亲的劝告。丘母问儿子："背母休妻，按你的律条该当何罪？"丘生被问得哑口无言，没想到自己竟触犯了自己编写的法律。按照律条，应该自尽，为了验证律法无情，丘生就自尽了。丘母逼死了儿子，懊悔不已。

其实，汉初食邑上的民户不是直属中央朝廷管辖的。中央朝廷管辖的是郡县民，收取的也是郡县民的赋税。这些民户和郡县民享受的待遇是不一样的，遵守的律令也有差别。萧何封地所出现丘生的故事，是由封地传出来的还是由封地附近的百姓编造的，已经无可考证，成了永远的谜团。

第二节　新皇帝的黏合剂

在刘邦看来，刘盈"为人仁弱"，只是碍于其嫡长子的身份，同时为了国家安定，刘邦才最终确立刘盈作为自己的继承人。

不过，对萧何来说，显然是惠帝刘盈更好相处一些。

萧何与刘邦两人性格互补。刘邦性格豪放，为人不拘小节，而且多率性而为，不受任何制度的约束。萧何则谨小慎微，做事步步为营，从不做冒险之事，尤其是经过几次与刘邦的摩擦之后，他更是如履薄冰，战战兢兢地守着一个臣子该尽的本分，从不逾矩。

而新皇帝刘盈的性格与萧何颇有相似之处，不像他的父亲那样咄咄逼人，萧何辅佐刘盈反而觉得心里更为轻松。

当然，新皇帝虽然软弱，但他有个强势的母亲，也保证了所有朝臣不敢轻举妄动。刘盈接手的这个帝国，最精英的人士几乎全部是布衣出身。

这种布衣将相格局的形成，是有原因的。

汉朝建立之初，刘邦对于追随他创立汉朝基业的功臣，给予了相当高的回报，不但在政治上"上致之王，次为列侯"，而且在经济上予以"食邑"，使"得赋敛"，并最终与之剖符盟誓："使黄河如带，泰山若厉，国以永存，爰及苗裔。"

刘邦虽然已经故去，但他的话依然有效。正是得益于刘邦的这个国策，以军功发迹的功臣们逐渐垄断了公卿高位，把持了汉朝的军政大权。对于这些出身"亡命无赖之徒"的军功贵族，刘邦以其政治手腕尚能驾驭，而"为人仁弱"的刘盈则不然。这也是刘邦有意更换储君的原因，最后不得已订立了白马之盟，也是为这个柔弱的儿子私人订制了"永固之约"，希望汉朝国祚绵延无期。

多权并立的中枢权力结构，在刘邦病故后开始失去原有的平衡。造成这种不平衡的原因，一是惠帝刘盈不具备其父的威望和才干，二是源自部分功臣列侯的日益跋扈。所以吕后说："诸将故与帝为编户民，北面为臣，心常鞅鞅，今乃事少主，非尽族是，天下不安。"意思是说：这些功臣当初与先帝刘邦一样都是老百姓，见刘邦能当皇帝，他们都不服，现在辅佐年轻的刘盈，他们更不服，不把他们都杀尽，天下太平不了。

在这种情况下，萧何开始成为新皇帝和各方势力的黏合剂，既为年轻的皇帝服务，又不能得罪沛县功臣集团，还要与外戚势力周旋，让各方满意，使各方安稳。

当吕后的外戚势力不断扩大时，萧何最开始采取的态度几乎是"听之任之"，因为有刘邦在，轮不上他插手干预。

刘邦君临天下的七年中，有两年七个月以上的时间不在关中，政事交由萧何负责。出于对功臣的不信任，刘邦又以宫廷势力监视朝政。

这一期间，刘邦实际上是默许后宫势力存在的。因为诸子年幼，从父兄刘贾、弟刘喜、刘交又分别分封在关东地区，他所能依靠的只有吕雉。

韩信当时密谋造反，准备"攻打吕后和太子"，而不是主政的"相国萧何"，上书变告者也是至"吕后所"，而不是去"相国府"。由此可以推断，在长安城内，吕后应该是刘邦出征关东后的主政之人。

萧何虽然是相国，但他十分清楚刘邦对吕后的信任不是自己所能左右的。所以他只管做好分内的工作，而不插手皇家内部事务。

萧何对吕后宽容，对功臣集团也不轻易招惹。

刘邦宠爱的戚姬曾"日夜啼泣，欲立其子"，给刘邦吹枕边风，要让刘邦撤掉刘盈的太子之位，改立她的儿子刘如意为太子。这时，功臣集团们就显示出了强大的左右朝政的能力。

当功臣周昌为刘盈廷争之时，吕后不惜以皇后之尊，跪地叩谢。堂堂皇后给大臣下跪谢恩，这是闻所未闻的。

为保住太子之位，吕后又求教于张良。张良尽管声称不问朝政，却在这次果断出手，献良策，让吕后去请"商山四皓"，才使刘邦罢议废太子之事。

皇储之争时，刘邦真正顾忌的是整个功臣集团的态度。正因为功臣们抵制的态度非常明显，刘邦才不敢下易储的决心，吕后也因此对功臣集团强大的力量有了非常深刻的认识。

萧何也认识到了这一点，所以在废立太子这么重大的事情上，他罕见地没有表态。不过，他应该有几点考虑：

第一，有功臣集团力保，相信问题不大；

第二，吕后依赖功臣集团，合二为一，自己无须再多此一举；

第三，立谁为太子，是刘邦应该考虑的，是皇帝家事；

第四，立谁为太子，谁就是未来的新皇帝，他全力辅佐就是。

或许有人认为萧何这样做过于功利，其实不然。萧何心如明镜，知道凭借自己的能力，无论如何是惹不起刘邦和吕后任何一方的。汉天下是刘姓天下，乱插手只会招来麻烦，这事并无对错。

他坚守一个信条——不听话的大臣不是好大臣！

即使刘邦去世后，对于功臣集团的势力，萧何也知道不容小觑。

比如刘邦去世后，吕后曾与宠臣审食其密谋，先诛大臣然后发丧。吕后担心这些军功大臣会不服气，不拥戴少主刘盈，因此想一网打尽，永除后患。时任卫尉的郦商听到消息后，当即找到审食其，向他陈述利害："听说皇帝已驾崩，四日不发丧，是要诛杀这些将军。如果真是这样，天下岂有宁日？陈平、灌婴率十万铁甲守在荥阳，樊哙、周勃也有二十万部众在燕、代等地驻守，如果他们听说皇帝去世，关中诸将都被杀害，一定会发兵攻打关中。到那时，大军压境，内有接应，外有诸侯，汉朝亡国只是一瞬间的事啊！"审食其听了，大为震惊，连忙与吕后商量立刻发丧，避免了一场血战。

吕后的谋划之所以未能成功，表面上看是因为郦商的坚决反对，实质上是因为功臣集团掌握着主要的军事力量，以她当时的势力尚不足以与之抗衡。

吕后尚且不敢与功臣集团硬碰硬，萧何作为一个文官，自然知道其中的利害，所以，他在这些事情上宁愿"装聋作哑"。何况，萧何也是功臣集团的成员。

萧何全力辅佐惠帝刘盈，其实他心中也清楚，刘盈只不过是傀儡，真正发号施令的是吕后。可萧何还是愿意拥戴惠帝，并努力营造惠帝没有被架空的假象。毕竟皇家的体面总是要有人维护的，所以萧何从不越过刘盈直接去向吕后请示。他所能做的并且要做好的，就是维持刘盈的体面，不惹恼吕后，以及稳住功臣集团。

第三节　无为胜过有为

吕后与萧何，从无不睦之事。

在沛县功臣集团中，即使在萧何论功第一后，很多人与萧何的关系不像以前那么融洽，但双方也无对抗。

萧何是相国，朝廷的号令和制度、百官考察，都需要他来总揽。他虽然没有正式提出什么口号，但采取的其实就是"无为而治"的手段。

所谓"无为"，并非无所事事，无所作为。无为的原则有两个：一方面，无为即是"守而勿失"，也就是说对于刘邦、萧何在汉初所确立的政治法律制度，在一般情况下不做根本性的大变革；另一方面，无为并不是放弃统治，而是在不伤害统治阶级根本利益的原则下，在封建统治阶级所能允许的范围内，对百姓的生产、生活尽可能少干预，使之休养生息。

说白了，朝廷不是不做事，而是不乱干涉；做事有选择，而不是真的无所作为。

就治国理政而言，萧何没有绝对成熟的政治理念。他有治国理政的才能，却不是李斯那样的政治改革家，不想彻底打乱或者制定一套新锐的改革措施。他接手的是秦国的烂摊子，只要努力做好汉朝的大管家就很不错了。

萧何的无为而治，说到底是一种理想，一种少干预、不得不施行的措施。

西汉初年的政府好像什么都没有做。可无为的前提是"有为在先"，"有为在先"的政府，不是西汉政府，而是之前的秦朝政府。

秦朝已经有一整套国家治理的完整体系，但在秦始皇末年遭到了破坏。而且，秦律法在山东六国故地推行也不彻底。故地因为抵制秦国或者出于固有的习惯和政策上的差异，不便遵守或者故意抵抗。

而萧何要做的"无为"，其实是将秦国已经制定的合理、规范、符合国家需要的法规，继续执行下去，并根据新的情况进行改造。这样的"无为"，其实是政府不过多干预百姓，让百姓在战火过后休养生息。

看似无为，其实是最"有为"。

秦律推行至山东六国故地过程中出现的水土不服的情况，逐渐得以消除。

萧何制定的《汉律九章》，就是从这个目的出发，循序渐进，最后总结出来的成果。

因为汉朝刚刚成立，作为一个统一的国家，除了之前已经灭亡的秦朝可以借鉴之外，没有第二个对象可以参考。

秦朝虽然实现了全国的统一，但其提倡的中央集权、郡县制，仍处于草创阶段。郡县制的探索还未完成，秦朝就匆匆走下了历史舞台。匆忙上台的汉朝君臣，还一脸茫然。

在没有更好策略的情况下，沿用原有的策略是一种明智的选择。

萧何虽然身为相国，掌握朝政大权，但他和皇权的关系十分微妙：一方面，相国在国家的政治生活中起着举足轻重的作用，很多事需要由相国去颁布和落实；另一方面，相国的权力又非常有限，他是臣僚和下属，只有建议权，甚至经常会被皇帝猜疑。萧何曾经三次用计避免刘邦对自己的疑心，才保全了自身。

所以，面对皇帝，萧何只能选择"无为"。这个无为不是没有作为，而是不能让皇帝觉察到他的"为"妨碍到了政权的稳定。

对于功臣集团，萧何也只能采取"无为"的态度，其实就是看住摊子不乱，不多干涉。

建汉之初，大部分的国家资源已经被功臣集团掌控。这些人以功绩为资本，从"泥腿子"摇身一变，成为汉朝贵族和新兴地主。而且，这些财富很有可能会被其后代继承。政权稳定后，如果想要继续向前走，中央必然要进行一系列的改革，但改革就会触动这些人的既得利益，在双方势力不明朗的情况下，自然是不动为妙。

这是皇权与功臣集团之间的矛盾，而非萧何与任何一方的矛盾。如果动了功臣集团的利益，极有可能引发社会暴乱，国将不国。

为了维持皇权与这些既得利益集团的平衡，朝廷必须韬光养晦，"无为而治"。

萧何真正的作为，是看懂了皇权和功臣集团必须保持和谐的关系，也看懂了各方心思"君臣俱欲休息乎无为"——大家都想歇一歇，不做什么事。

符合大多数人利益的制度，就是好的制度。萧何就是这么认为的。

除了改造秦律外，关中地区留用的旧秦吏在萧何的直接领导下，被改造成汉吏。这支精明强干的官吏队伍，保证了汉初中央对地方的社会秩序控制。

对百姓而言，连年战乱，国家初建，人人都想过上平稳而安定的生活。黄老学说在政治上主张"无为而治"，这恰好符合了汉初统治集团的需要，也符合广大百姓的诉求。

自刘邦统一，历经惠帝、吕后、文景，其间君臣多好黄老之术。因此，执行与民休息的"无为"，成为汉初政治上的一大特色。

第十五章 萧规曹随

第一节 举贤不避仇

随着年纪的增长，萧何的身体越来越虚弱了。人老了难免会回忆往事，萧何也时常想起自己与刘邦、曹参等沛县的兄弟们在沛县的快乐时光，但思绪拉回现实后，他却忍不住慨叹连连。

当初论功行赏，刘邦把萧何和曹参两个好兄弟推到了针锋相对的两面，从此两人不睦，这也成为朝堂上公开的秘密。之后，萧何出任相国，曹参则为齐相国，辅佐齐王刘肥。两人之间的交集很少。

不过，他们的不和属于个人恩怨，身为臣子的职责是为国尽忠，要能分清个人与国家的轻重。幸运的是，在这方面，萧何和曹参都表现出了不凡的气度和胸怀。

刘邦在前线打仗时，时常担心萧何在后方有变，便问随行的曹参。曹参的回答出人意料："萧丞相忠心耿耿，圣上不必忧虑。"

刘邦撒手而去，惠帝刘盈即位，吕后专权，西汉这艘航船有转向的可能，吕后能仰仗和信任的老臣依然是萧何。吕后希望借萧何的影响力实现自己的政治意图，萧何则利用这层关系的纽带作用，在帮助吕后、辅佐惠帝的同时，保证各方政治势力的平衡，让西汉大船不偏离航道。

惠帝二年（前193年），操劳一生的萧何倒下了。惠帝得知萧何的病情后，心中哀戚，亲自到相国府请教国事安排。

惠帝诚恳问道："君相百年之后，谁可以继任相国之位？"

萧何仍保持着谨慎，委婉地说："知臣莫若主啊！"

惠帝沉吟片刻，说："曹参如何？"

萧何立刻点头，说道："陛下得到胜任的相国人选，臣虽死无憾了！"

萧何在人生的最后一刻，把曹参推到了汉王朝政治舞台的聚光灯下。

两个关系不好、不相往来之人，在面对重大国政时作出的判断、抉择，空前一致。二人肯抛弃个人恩怨而以国体为重，堪称贤臣典范。

关于曹参接替萧何的相位，刘邦、萧何、曹参三人持有相同的观点。当初刘邦病重，吕后问将来谁可以接替相国一职，刘邦说："曹参可以。"而当事人曹参在得知萧何死后，也赶紧让舍人收拾行李，对他说："我将要入朝当丞相了。"曹参料定萧何会举荐自己，因为他知道萧何一定会以国家为重。纵观整个朝廷，比战功、比治国之能，没有人比曹参更合适，所以相位非他莫属。

曹参成为西汉第二任相国后的成就，再一次证明了萧何的慧眼识人之能。

事实上，曹参能顺利继任相位，除了因为他立下的赫赫战功，也因为他是一流的政治家。

刘邦称帝后，任命曹参为齐国相辅佐刘肥，当时刘肥还很年轻，让曹参辅佐，实际上是把治理齐国的重任交给了他，这是刘邦对曹参的信任。曹参从来都不负刘邦所托，刘邦去平定陈豨叛乱时，曹参亲率齐国之师奔赴前线，协助刘邦取得了胜利。淮南王英布反叛时，曹参又与齐王刘肥同率十二万大军前去助战。曹参召之即来，来之能战，战之能胜。

任齐相国之后，曹参把更多的精力放在如何治理齐地上。上任伊始，他就邀请齐国有知识、有见地、有阅历、有名望的"长老诸生"，按照齐地固有的风俗治理齐国、安抚百姓。

曹参听说胶西有一位姓盖的老人，众人皆称其为盖公，盖公善治黄老学说，很有名望，曹参就以重金聘请他至齐都。曹参虚心请教治齐之策，盖公告诉曹参"治道贵清静而民自定"，并详细给曹参讲解。曹参让出自己的正堂供盖公居住，待以殊礼，让盖公做自己的政治顾问。

曹参分析了当时社会发展的大环境：齐地长期处于战乱之

中，百姓得不到休养。他决定无为而治，在政治上为百姓松绑，在政策为百姓提供宽松环境，使民安而乐业。这是他与萧何在国家治理理念上的不谋而合。曹参相齐九年，"齐国安集，大称贤相"。

萧何去世，曹参继任相国之后，没有对国家的律法和政策做任何的修改，一切事务都是按照萧何制定的政策来执行。《资治通鉴》中说："参代何为相，举事无所变更，一遵何约束。"但是，曹参很注重官员的选拔，每次都亲自筛选，专挑不善言谈、质朴敦厚的人委以重任，对言谈行为苛刻、追名逐利之官员予以斥退。

曹参的行为和举动让许多人纳闷和不解，国家百废待兴，新官上任正是树威扬名、改革创新的好时机，曹参却"不作为"。很多大臣登门相劝，希望他能大胆地革新。然而，每当有大臣上门，曹参就拿出美酒招待，一杯接一杯地喝，根本不给来访者说话的机会，直至把人灌醉送回家。

不久，有人向惠帝报告："相国日日请人喝酒，不理朝政。"惠帝深感失望，父皇和萧相国一致看好并极力推荐的曹相国，怎么会这样？

惠帝自己不便直接去质问曹参，他想来想去，想到了中大夫曹窋。曹窋是曹参的儿子。刘盈希望曹窋规劝其父，便叫人找来曹窋说："关于相国的行为，朕已听说一二。高帝刚刚去世，国家百废待兴，作为一国之相，整日无所事事，只是饮酒，如何治理天下呢？请您回去后代朕询问相国。"惠帝最后不忘交代曹窋："不要跟相国说朕让你问的。"

曹窋回家后，当面请教父亲："高帝新弃群臣，陛下继承大统，您身为相国，却日日饮酒，无所事事，就不忧虑天下吗？"

曹参很了解自己的儿子，也不多问，狠狠地鞭笞了曹窋一顿，生气地说："天下大事也是你可以随便言说的吗？"

年轻的惠帝得知此事，再也坐不住了，急忙传召曹参相见。

惠帝说："相国为何要鞭笞曹窋呢？是朕令曹窋询问你的。"

曹参赶忙摘掉冠冕，对惠帝说："陛下，您自觉高帝与您，谁更英武贤明呢？"

惠帝说："朕如何敢与先帝相比！"

曹参接着问道："那陛下觉得臣与萧何谁更贤明？"

惠帝略微停顿了一下，说："您好像也比不了萧何。"

曹参正言道："陛下所言甚是。且高帝与萧何定天下，法令既明，今陛下垂衣拱手，臣等守职，遵照以前的制度，不使有过失，难道不好吗？"

惠帝点点头："好，相国退下吧！"

曹参用一番话征服了惠帝。从他所说的话及后来的治国理政行为看，曹参堪称大智若愚的一流政治家，他把黄老之术从齐国一隅推行至汉室天下。

萧何制规，为大汉拟定国家发展的机制；曹参推行"黄老之治"，延续萧何制定的法令制度，保证了国家政策的连续性，这对于新建立的王朝来说意义重大。

刘邦、萧何、曹参等人建立了一个新的朝代，萧何为这个朝代构建了新的国家体系，夯实了西汉发展的根基；曹参则将黄老无为而治的思想一以贯之，使汉初国家经济稳健恢复，国民受益。

萧、曹二人，为了国家的利益，为了辛苦打拼的汉室江山长治久安，摒弃前嫌，扶助汉室，使西汉国祚顺利延续下去。

第二节　善始者得善终

惠帝二年（前193年）七月，五十六岁的萧何病薨，谥号文终。

萧何去世后，被葬在陕西咸阳。《集解东观汉记》记载："萧何墓在长陵东司马道北百步。"《正义括地志》记载："萧何墓在雍州咸阳县东北三十七里。"两处记载，都说明萧何墓在咸阳北汉高祖长陵墓区内。遗憾的是现在只剩下一个土冢，旁边立有一块区级文物保护的牌子。

萧何留下的宅第都在贫穷僻远的地方，甚至没有围墙。他认为，后代子孙如果贤德，可以学会他的俭朴。从中可以体现，萧何以"俭"传家。

观萧何一生，尽显其"俭"。

"历览前贤国与家，成由勤俭败由奢。"俭，是一个人高贵的品质，而在萧何身上，体现出的是俭与国紧密相连。

有一次，萧何的夫人看见他的衣服旧了，且已缝补过，就吩咐下人给他换一件新的。萧何得知后很不高兴，又将旧衣服换了回来："做相国就不可以穿旧衣服了吗？"还吩咐家人和下人："以后没有我的同意，不要随意更换我的衣服和用具。"萧何虽居相位，但家无余财，唯有"桑几百株，薄田十几顷"。

　　萧何之俭，在于忧民之患。《墨子·非乐》指出，民有三患："饥者不得食，寒者不得衣，劳者不得息。"俭之圣人，见到民之三患，自会食不重味，冬不披裘，思民之患，解民之难。楚汉战争期间，关中大饥馑，萧何急民之所急、想民之所想，向刘邦提出开放皇家苑囿，让百姓进入其中耕种。这样的利民举措，让饥者有食，解决了百姓温饱。刘邦铲除异姓诸侯王时，连年战乱，使百姓生活再次陷于水火，萧何又一次向刘邦提出开放皇家苑囿，缓解百姓之苦。而这次，萧何非但没有得到刘邦的支持，还把自己送进了大狱。

　　萧何之俭，在于与民生息。《管子·法法》说："农夫不失其时，百工不失其功，商无废利，民无游日，财无砥墆。故曰：俭其道乎！"萧何爱民的光辉形象，闪耀在关中百姓的心中。他时常行走于田间，穿梭于百姓间。兴修水利时，他选择不耽误百姓生产的秋冬时节；在百姓不堪生活之苦时，他主张减轻徭役；入咸阳时，他更是化繁为简、约法三章，行俭德、施简政，深得百姓爱戴。

　　萧何去世后，其长子萧禄袭侯爵，萧禄死后无子，吕后便封萧何夫人为酂侯。文帝时，由萧何次子萧延袭封。萧延死后，由其子萧遗袭封。萧遗无子，由其弟萧则袭封。后萧则因有罪，被免去爵位。

　　但汉朝皇帝始终未忘记萧何这位大汉功臣。

　　景帝念萧何之功，又让萧则的弟弟萧嘉袭封。萧嘉死后，其子萧胜袭封，后有罪，被罢免侯爵之位。

　　武帝时，下诏让萧则的儿子萧庆袭封。萧庆死后，儿子萧寿成袭封。

宣帝时，下诏丞相、御史寻找萧何后人，最终找到萧何玄孙萧建世等十二人，萧建世被封为酂侯，食邑二千户。

此后，袭封一直延续到王莽篡权。

东汉时期，朝廷遍访民间，寻求萧何后人再续封酂侯。

两汉都不让萧家绝封，如此看来，萧何在汉朝君臣心目中的地位是多么重要！论功数第一，不仅是刘邦的评价，而且是后人发自内心认可的真心话。

在刘邦眼中，萧何"镇国家，抚百姓"，可堪大任，是治世良相；"给馈饷，不绝粮道"，功勋卓著，是办事能臣。尽管刘邦也有怀疑萧何的时候，但总的来说，他其实并没有与萧何产生深度隔阂，最后仍认为萧何是可以托孤之臣。这是君臣相知最完美的诠释。

萧何辅佐的另一个皇帝刘盈则给予了他更加充分的肯定："故相国萧何，高皇帝大功臣，所与为天下也。"

此后几位汉朝皇帝，在诏书中也多次以"大功臣"称颂萧何。

曹操评价说："萧何、曹参，县吏也，韩信、陈平负污辱之名，有见笑之耻，卒能成就王业，声著千载。"看来曹操对这些平民功臣是佩服的。

司马昭说："昔萧何、张良、霍光，咸有匡佐之功。"

晚清名臣曾国藩一向被认为最懂人心，连他也说："古人称立德、立功、立言为三不朽。立德最难，自周汉以后，罕见德传者。立功如萧、曹、房、杜、郭、李、韩、岳，立言如马、班、韩、欧、李、杜、苏、黄，古今曾有几人？"

　　当然，也有表达不同意见的，尤其是历史学家司马迁。司马迁说："萧相国何于秦时为刀笔吏，录录未有奇节。及汉兴，依日月之末光，何谨守管籥，因民之疾法，顺流与之更始。淮阴、黥布等皆以诛灭，而何之勋烂焉。位冠群臣，声施后世，与闳夭、散宜生等争烈矣。"

　　从中可以看出，司马迁对萧何的态度是不冷不热的。他认为，萧何在秦朝时担任刀笔小官，庸庸碌碌，没有突出的作为。在汉朝兴起时，他依傍了天子的光辉，为汉王朝谨守关中这一家底，利用百姓痛恨秦朝法令的心理，顺应潮流，革新政治。韩信、英布（黥布）等人都已经被诛杀，萧何的功勋就十分显耀了。他处于群臣之首，声望流传后世，他的功业可以和周文王时的闳夭、散宜生等人比高低了。

　　在司马迁眼里，好像萧何是个投机分子。我们无法探知司马迁为何这么说，但他说萧何像闳夭、散宜生这两个人，似乎不太适宜。

　　西伯被纣王囚禁在羑里，闳夭和散宜生进谏姬发，巧设计谋，献给纣王美女宝物，营救西伯脱险。这两个人都是辅佐武王灭商的大臣，他们设计送的是美女，与萧何输送军粮、镇国家抚百姓等行为是没法相比的。

　　或许，司马迁主要是对萧何没有阻止吕后杀韩信多有微词吧。

　　无论如何，萧何最有人臣风范，这一点是毋庸置疑的。人臣不仅要忠君，也要亲民。在汉初几大功臣中，张良、陈平分别以智谋和奇计名动天下。但是张良城府太深，而且后期迷于求道，"愿弃人间事，欲从赤松子游耳"，其经历又太富有传奇色彩，令人难以接近。陈平在斗争中只知道维护刘邦，有时又过于明哲保身，固然六出奇计解刘邦之危难，并在安刘诛诸吕中发挥了作用，但他并不亲民。韩信也是不亲民的，这不用多说。唯独萧何，爱民、亲民，贯穿其一生。

萧何不是将才，也不是谋士，他做的是统领全局的工作，这就需要他比一般人看得更远，想得更周到。他考虑问题，总是从大局出发。当初他看出韩信是大将之才，是典型的伯乐识千里马。他为儿孙购置田宅都选在荒远偏僻的地方，为的是他们能学会俭朴，也能避免家业为势力强大之人所夺。

萧何能在战乱中首先想到保存秦朝文献，这就是他不图私利、高瞻远瞩的最佳写照。尤其难能可贵的是，萧何虽然和曹参不和，但是在生命垂危之际依然推举曹参为相，完全是出于一片至诚的公心。

萧何一生坚持着灵活而不油滑的处世哲学，为公居多，为私较少。从他的政治活动来看，他是一位具有高远目光和崇高政治理想的政治家，同时又是一位不折不扣的任劳任怨的实干家。不论是在楚汉战争期间，还是在汉政权刚刚稳定下来时，他所做的一切都是为了政治大局。正因为如此，他才有了把私人财物充公的举动，才会在刘邦面前为民请命，才会举荐曹参为相。

萧何从"选对路"开始，坚持"扶定人"原则，又肯替他人着想，一步步扶持刘邦建立汉王朝、巩固汉王朝，可谓初心不改，始终如一。

建汉首功，萧何当之无愧！